Informatik — Fachberichte

Informatik-Fachberichte 117

Herausgegeben von W. Brauer
im Auftrag der Gesellschaft für Informatik (GI)

Johannes Röhrich

Parallele Systeme

Springer-Verlag Berlin
Heidelberg GmbH

Autor

Johannes Röhrich
Universität Karlsruhe, Institut für Informatik II
Zirkel 2, Postfach 6380, D-7500 Karlsruhe 1, FRG

CR Subject Classifications (1985): C.0, D.1.3, D.2.4, D.4.1, D.4.7

CIP-Kurztitelaufnahme der Deutschen Bibliothek. Röhrich, Johannes: Parallele
Systeme / Johannes Röhrich. - Berlin; Heidelberg; New York; Tokyo:
Springer, 1986.
(Informatik-Fachberichte; 117)

NE: GT

ISBN 978-3-540-16063-2   ISBN 978-3-662-09195-1 (eBook)
DOI 10.1007/978-3-662-09195-1
© by Springer-Verlag Berlin Heidelberg 1986
Ursprünglich erschienen bei Springer-Verlag Berlin Heidelberg New York 1986.

2145/3140–543210

Vorwort

Systeme paralleler Prozesse gehören seit jeher zu den reizvollsten Forschungs-
gegenständen der Informatik. Gleichzeitig klafft die Lücke zwischen Theorie
und den Bedürfnissen des Software-Ingenieurs in kaum einem anderen Gebiet
so sehr wie in diesem. Der Ingenieur benötigt wissenschaftlich fundierte
Methoden zur Programmkonstruktion für — und das ist der springende Punkt
— von-Neumann-Rechner; er verwendet sequentiell-algorithmische Programmiersprachen, die gleichsam im Nachhinein um Konzepte der Programmierung
paralleler Systeme ergänzt wurden. Der Theoretiker, der das Wesen der
Parallelität zu ergründen versucht, findet andere, dazu viel besser geeignete
Semantikmodelle und Maschinenarchitekturen — sofern er sich überhaupt um
die praktische Umsetzbarkeit seiner Theorie kümmert. Es ist sicher nicht zu
kühn, zu behaupten, daß noch wenigstens eine Dekade vergehen wird, bis
nicht-von-Neumannsche Maschinen in größerem Umfang gebaut und verbreitet
werden. Diese Arbeit hat deshalb zum Ziel, Methoden zur Strukturierung und
zur Verifikation (verteilter) paralleler Systeme zu entwickeln, die aus sequentiellen, auf Maschinen herkömmlicher Bauart ablaufenden Prozessen bestehen.

Ich möchte allen danken, die mich unterstützt haben. Léon Treff und Franz-
Johann Schneider haben wesentlichen Anteil an der Implementierung des
Patsy-Systems und der Entwicklung des Modulkonzepts. Prof. Dr. Uwe Ka-
stens hat mir wertvolle Ratschläge zur Semantik der Spezifikationssprache gegeben und mich darüber hinaus in zahlreichen Diskussionen unterstützt und
motiviert. Dank gebührt besonders auch Prof. Dr. Gerhard Goos; er hat meine
Aufmerksamkeit auf dieses Gebiet gelenkt, mir den für den Fortgang der
Arbeit notwendigen Freiraum geschaffen und mit seiner konstruktiven Kritik
sehr zur klareren Formulierung komplexer Zusammenhänge beigetragen. Diese
Arbeit wäre nicht möglich gewesen ohne die Unterstützung meiner Frau Ul-
rike, die neben ihrer Doktorarbeit immer die Zeit fand, mich im rechten
Augenblick zu ermutigen und auf neue Ideen zu bringen.

Inhaltsverzeichnis

Inhaltsverzeichnis

Symbole und Schreibweisen

Kapitel 1

p, q	Prozesse (Definition 1.1)
P	Menge von Prozessen
x, y	Ereignisse (Definition 1.1), Wörter aus Ereignisnamen (Definition 1.2)
E	Menge von Ereignissen (Definition 1.1)
$x \rightarrow_p y$	Reihenfolge der Ereignisse im Prozeß p (Definition 1.1)
pt	Prozeßtyp (Definition 1.2)
po	Prozeßobjekt (Definition 1.3)
PO	Menge von Prozeßobjekten
e, f	Ereignisnamen (Definition 1.2)
EN	Menge von Ereignisnamen (Definition 1.2)
t	paralleler Ereignisname (Definition 1.5)
$e == f$	Spezifikation der Gleichzeitigkeit für zwei Ereignisnamen (Definition 1.5)
u, v	Wörter aus parallelen Ereignisnamen
PEN	Menge paralleler Ereignisnamen (Definition 1.5)
$\Pi(PO)$	freies Produkt einer Menge von Prozeßobjekten (Definition 1.6)
q	Pfad (Definition 1.7)
Q	Menge von Pfaden
S	paralleles System (Definition 1.8)

Kapitel 2

$[u]$	Systemzustand nach der Ereignisfolge u (Abschnitt 2.2)
$[u] \rightarrow_v [uv]$	Übergang zwischen Systemzuständen (Abschnitt 2.2)
Z	Systemzustände (Abschnitt 2.2)
C	Zustandskomponente (Abschnitt 2.2)
$AKT(C)$	in der Zustandskomponente C aktive Prozesse (Abschnitt 2.2)

BER(C)	in der Zustandskomponente C bereite, aktivierbare Prozesse (Abschnitt 2.2)
N	Petri-Netz (Definition 2.10)
S	Stellen eines Petri-Netzes (Definition 2.10)
T	Transitionen eines Petri-Netzes (Definition 2.10)
$s \rightarrow t$	Kante von Stelle s nach Transition t (Definition 2.10)
$t \rightarrow s$	Kante von Transition t nach Stelle s (Definition 2.10)
${}^\bullet s$	Eingangstransitionen der Stelle s
$s^\bullet$	Ausgangstransitionen der Stelle s
${}^\bullet t$	Eingangsstellen der Transition t
$t^\bullet$	Ausgangsstellen der Transition t
M	Markierung eines Petri-Netzes (Definition 2.11)
M^0	Anfangsmarkierung
$M \rightarrow_t M'$	Übergang von Markierung M zu Markierung M' durch Feuern der Transition t (Definition 2.12)
$[M]$	Nachfolgemarkierungen einer Markierung M
τ	Menge von Transitionen (Abschnitt 2.3)
$M \rightarrow_\tau M'$	Übergang durch kollaterales Feuern der Transitionen $\tau \subset T$ (Abschnitt 2.3)
$\dot{\tau}$	das der Transitionenmenge τ zugeordnete parallele Ereignis (Abschnitt 2.3)

Kapitel 4

$x \Rightarrow y$	Nachricht von einem Prozeß an einen anderen (Definition 4.2)
$x \Leftrightarrow y$	Rendez-Vous zwischen zwei Prozessen (Definition 4.3)
SK	System kommunizierender Prozesse (Definition 4.4)
T	Menge von Zeitpunkten (Definition 4.1)
C	Uhr (Definition 4.6)
$x \Longrightarrow y$	globale Reihenfolge der Ereignisse in einem System kommunizierender Prozesse (Definition 4.5)

Allgemeine mathematische Notation

ϵ	leeres Wort
A^*	Kleene-Stern der Menge A
$\mathrm{pref}(M)$	Präfix von M, $\{x \mid SPC(te)\, y\colon xy \in M\}$
$\pi_M(x)$, x_M	Projektion von x auf M
$P \supset Q$	P impliziert Q
$P \Longleftrightarrow Q$	P gilt genau dann, wenn Q gilt
$P \equiv Q$	P ist kongruent zu Q
$\mathbf{N}^0$	natürliche Zahlen (einschließlich der Null)
$\rightarrow$	Übergangs- oder Ordnungsrelation
$\rightarrow^+$	transitiver Abschluß der Relation $\rightarrow$
$\rightarrow^*$	reflexiver und transitiver Abschluß der Relation $\rightarrow$

EINFÜHRUNG

Der klassische Begriff 'Von-Neumann-Rechner' ist ebenso wie der klassische Algorithmenbegriff an der zeitlich strikt sequentiellen Verarbeitung von Daten orientiert. Auch voneinander unabhängige Operationen werden in eine bestimmte Reihenfolge gebracht und zeitlich nacheinander ausgeführt. Die Verarbeitung kann so durch einen einzigen Prozessor erfolgen; alle übrigen Komponenten des Rechners sind passiv.

Anstöße, sich aus diesem konzeptuell einfachen (und auch theoretisch eleganten) Architekturkonzept zu lösen, kommen aus verschiedenen Richtungen.

Erstens ist es unökonomisch, eine Vielzahl passiver Systemkomponenten bereitzustellen, die während der Bearbeitung einer Aufgabe oft nicht, nur zum Teil oder nur selten benutzt werden. Hinzu kommen Pausen, in denen der zentrale Prozessor untätig wartet, bis eine Systemkomponente eine gewünschte Zustandsänderung vollzogen hat.

Zweitens können voneinander unabhängige Aufgaben natürlich insgesamt schneller abgewickelt werden, wenn sie von mehreren Prozessoren nebenläufig statt von einem Prozessor nacheinander bearbeitet werden. Auch ist ein konventioneller, primär zum Rechnen konzipierter Zentralprozessor zur Bedienung mancher Peripheriegeräte denkbar ungeeignet.

Drittens kann man für viele Probleme eine bessere Zerlegung in Teilprobleme finden, wenn man Teilaufgaben zumindest konzeptuell parallel bearbeitet. Eine solche Zerlegung kann auch durch die Problemstellung zwingend vorgeschrieben sein, z.B. dann, wenn das Problem verteilt ist, also eine Lösung auf mehreren räumlich verteilten Maschinen erfordert, oder wenn eine Steigerung der Zuverlässigkeit durch Redundanz in Form von Mehrfachlösung der gleichen Aufgabe beabsichtigt wird.

Parallelismus ist deshalb ein wichtiges Konstruktionsprinzip, das in allen heutigen Datenverarbeitungs- und -übertragungssystemen angewandt wird.

Dem durch Parallelismus erzielbaren Geschwindigkeits- und Zuverlässigkeitsgewinn steht jedoch eine erhebliche Komplexitätssteigerung gegenüber: Parallele Programme sind im Vergleich mit sequentiellen Programmen weitaus schwerer zu verstehen, zu verifizieren, zu testen und zu warten. Ursachen hierfür sind die mit der Anzahl der Prozesse meist exponentiell anwachsende Zahl von Systemzuständen, subtile, nur in ganz bestimmten zeitlichen Verzahnungen auftretende Effekte, und allgemein der Mangel an geeigneten Methoden oder wenigstens Paradigmen zur Abstraktion und zur Modularisierung.

Das im sequentiellen Bereich so erfolgreiche Prinzip Hierarchie ist auf parallele Systeme deshalb schwer übertragbar, weil ein tragfähiger, von der zeitlichen Dynamik eines Moduls abstrahierender Schnittstellenbegriff bislang fehlt. Unteilbare Operationen und daraus abgeleitete Konzepte sind höchstens auf niedrigen Hierarchieniveaus gefahrlos einsetzbar; in höheren Schichten können sie eine so starke Sequentialisierung bewirken, daß die durch den Parallelismus erhoffte Leistungssteigerung wieder zunichte gemacht oder gar in eine Leistungseinbuße umgekehrt wird. Die Herleitung eines für parallele Systeme brauchbaren Schnittstellenbegriffs ist deshalb ein wichtiges Forschungsthema.

Wir gehen davon aus, daß die Schnittstelle eines Moduls eines parallelen Systems durch zwei wohlunterscheidbare Aspekte charakterisiert ist:

1. Ein Modul stellt Operationen zur Verfügung, die auf moduleigene oder globale Daten — allgemein auf Betriebsmittel — wirken [Parnas72b]. Die Modulschnittstelle muß die Operationen und ihre Wirkung spezifizieren, z.B. durch Axiome eines abstrakten Datentyps, den der Modul implementieren soll.

2. In parallelen Systemen können Operationen eines Moduls von mehreren Prozessen benutzt werden und deshalb im Prinzip in beliebiger zeitlicher Verzahnung ablaufen. Die Schnittstelle muß deshalb auch das Verhalten

des Moduls in der realen oder einer virtuellen Zeit beschreiben; sie muß Reihenfolge- und Ausschlußbedingungen festlegen, die bei der Benutzung der Operationen einzuhalten sind, oder die umgekehrt die Implementierung des Moduls garantieren muß.

Wir beschäftigen uns in dieser Arbeit vornehmlich mit dem zweiten, verhaltensbezogenen Aspekt, den gängige Schnittstellenkonzepte wenig betonen oder gar nur implizit berücksichtigen. Zum Beispiel garantieren Monitore zwar zeitlichen Ausschluß ihrer Operationen, enthalten jedoch oft zusätzliche Ablaufsteuerungsmaßnahmen, die einerseits in Termen dieser Operationen allein garnicht formulierbar sind, andererseits aber bei uneingeschränkter Benutzung des Monitors zu Verklemmungen führen können und deshalb eigentlich zur Schnittstelle gehören. Das in Programmiersprachen wie Ada oder Modula vorhandene Schnittstellenkonzept berücksichtigt ohnehin nur syntaktische und statisch semantische Moduleigenschaften.

Unser Ansatz beruht auf Pfadausdrücken [Campbell74]. Pfadausdrücke eignen sich sowohl zur Spezifikation des Verhaltens eines Moduls in Form eines *Schnittstellenprozesses* als auch allgemein zur Beschreibung von Synchronisations- und Kommunikationsbeziehungen zwischen den Prozessen eines parallelen Systems.

Pfadausdrücke beschreiben abstraktes Zeitverhalten; sie abstrahieren sowohl von Daten, auf denen die beteiligten Prozesse operieren oder die sie kommunizieren, als auch von den quantitativen Aspekten realer Zeit.

Leider erlauben die in [Campbell74] eingeführten Pfadausdrücke nicht unmittelbar die Beschreibung von Rendez-Vous, die in Programmiersprachen wie Ada oder CSP als einziges Synchronisationskonzept zur Verfügung stehen. Dieses Konzept ist sehr mächtig; zusammen mit selektivem (nichtdeterministischen) Warten erlaubt es eine durchsichtige Formulierung vieler Synchronisationsprobleme. Die Mächtigkeit von Rendez-Vous ist darauf zurückzuführen, daß sie, wenn man einmal von den ausgetauschten Daten abstrahiert, als symmetrische Gleichzeitigkeitsbedingungen aufgefaßt werden können: Zwei

Ereignisse in verschiedenen Prozessen finden dabei gleichzeitig, synchron im eigentlichen Sinne des Wortes, statt. Wir halten diese Sicht deshalb für wichtig, weil sie das zur Implementierung von Rendez-Vous erforderliche Protokoll verbirgt und so Korrektheits- und Validitätsüberlegungen erheblich vereinfacht.

Damit sind die Probleme umrissen, die wir in dieser Arbeit angehen wollen. Sie ist folgendermaßen aufgebaut.

In Kapitel 1 bemühen wir uns um eine Präzisierung wichtiger Grundbegriffe einer Theorie paralleler Systeme. Besonders der Prozeßbegriff ist mit vielen verschiedenen Bedeutungen belegt, die wir voneinander trennen. Synchronisations- und Kommunikationsbedingungen formulieren wir als Pfadausdrücke; dabei schließen wir Gleichzeitigkeitsbedingungen, also Rendez-Vous, mit ein. Die Semantik paralleler Programme definieren wir durch eine Abbildung auf formale Sprachen. Auf diese Weise gelingt es uns, das Verhalten eines ganzen Systems paralleler Prozesse formal auf das eines einzigen sequentiellen Prozesses zurückzuführen.

Kapitel 2 beschäftigt sich mit verschiedenen Lebendigkeitseigenschaften paralleler Systeme; solche Eigenschaften sind oft wesentliche Voraussetzung für die (totale) Korrektheit des Gesamtsystems oder die einzelner Moduln. In diesem Kapitel stellen wir auch Bezüge zwischen unserer und der Petri-Netz-Theorie her. Als wichtigster Kontrast stellen sich Rendez-Vous und die Unterschiedlichkeit der Prozeßbegriffe heraus.

In Kapitel 3 entwickeln wir ein verhaltensbezogenes Konzept zur Strukturierung paralleler Systeme in Moduln. Ziel dieser Überlegungen ist eine Reduktion der Komplexität automatischer Lebendigkeitsnachweise; solche Nachweise sind sonst für große parallele Systeme aufgrund des kombinatorischen Aufwands praktisch nicht durchführbar. Wir definieren deshalb den Begriff der Schnittstelle eines Moduls so, daß er die für Lebendigkeitsbetrachtungen relevante Abstraktion des Verhaltens eines Moduls — und nur diese — erfaßt. Wesentlich ist, daß auch der modulinterne Parallelismus verborgen wird. Nach außen erscheint das Modulverhalten als ein einziger sequentieller Prozeß.

Synchronisationsbedingungen haben immer einen Zeitbezug; sie legen fest, daß gewisse Ereignisse einander zeitlich ausschließen, gleichzeitig stattfinden oder sich in bestimmten Reihenfolgen ereignen müssen. Dieser Zeitbezug bereitet bei verteilten parallelen Systemen Schwierigkeiten. In den Kapiteln 4 und 5 untersuchen wir den Zeitbegriff näher und geben eine allgemeine Methode zur verteilten Implementierung paralleler Systeme an, die sogar den Ausfall einzelner Prozesse toleriert.

In Kapitel 6 stellen wir das Patsy-System vor, das auch realistisch große parallele Systeme automatisch auf ihre Lebendigkeitseigenschaften hin zu analysieren gestattet.

Kapitel 7 ist Beispielen gewidmet, die zeigen, *wie* man das Verhalten paralleler Systeme mithilfe von Pfadausdrücken spezifiziert, *was* man damit beschreiben kann, und wozu sich Pfadausdrücke aufgrund ihres Abstraktionsniveaus nicht eignen.

In Kapitel 8 stellen wir den Bezug zu axiomatisch orientierten Verifikationsmethoden her. Wir zeigen, daß diese nur beschränkt zum Nachweis von Lebendigkeitseigenschaften großer Systeme geeignet sind, weil die Größe der den gesamten Zustand des Systems beschreibenden Invarianten i.a. exponentiell mit der Anzahl der Prozesse wächst.

Kapitel 9 schließlich faßt die Ergebnisse dieser Arbeit noch einmal kritisch zusammen.

1. GRUNDBEGRIFFE UND TYPISCHE PROBLEM-STELLUNGEN

1.0 Überblick

In diesem Kapitel führen wir wichtige Grundbegriffe ein und erläutern sie anhand typischer Problemstellungen.

In der Literatur findet man zahlreiche verschiedene Interpretationen des Prozeßbegriffs. Wir verwenden deshalb zunächst besondere Sorgfalt darauf, die Begriffe *Prozeß*, *Prozeßobjekt* und *Prozeßtyp* gegeneinander abzugrenzen. Dabei bauen wir auf dem Begriff *Sequentieller Prozeß* als einem Ablauf, einer Folge bestimmter, wohlunterschiedener Ereignisse, auf. Wir setzen die Existenz von *Programmen*, Vorschriften zur Berechnung von Prozessen, voraus: Programme bestehen aus Vereinbarungen von Prozeßtypen und Prozeßobjekten dieser Typen; jedes Prozeßobjekt beschreibt deterministisch einen oder nichtdeterministisch mehrere alternative Prozesse. Welcher dieser Prozesse bei Ausführung des Programms entsteht, wird durch *Synchronisations-* und *Kommunikationsregeln* zwischen den Prozeßobjekten teilweise näher, i.a. aber nicht vollständig determiniert.

Zur Spezifikation von Synchronisation und Kommunikation verwenden wir
Pfadausdrücke. Diese können als Vereinbarungen gewisser, verallgemeinerter
Prozeßobjekte aufgefaßt werden, die erlaubte Folgen *paralleler Ereignisse*, also
wiederum Prozesse, beschreiben.

Statt des in der Literatur üblichen Begriffs Pfadausdruck ('path expression'
[Campbell74, Lauer75, Lauer78]) entwickeln wir einen in zweifacher Hinsicht
mächtigeren. Erstens erweitern wir das semantische Modell so, daß neben Ab-
folge- und Ausschlußbedingungen auch die *Gleichzeitigkeit* verschiedener Ereignisse und damit Kommunikation durch *Rendez-Vous* ohne den Umweg über
spezielle Protokolle direkt spezifiziert werden kann. Zweitens lassen wir
reguläre Sprachen in voller Allgemeinheit zu, so daß auch Synchronisation
während der Anlauf- oder Abschlußphase nicht rein zyklischer Systeme beschreibbar ist.

Parallele Systeme definieren wir als Mengen von Prozeßobjekten und Pfaden
zwischen diesen. Auch das Verhalten eines parallelen Systems kann durch ein
(einziges) Prozeßobjekt repräsentiert werden. Auf diese Weise schaffen wir die
Grundlage für die in Kapitel 3 eingeführten, hierarchisch strukturierten Systeme.

Abschließend diskutieren wir kurz grundlegende *Lebendigkeitseigenschaften*
paralleler Systeme.

1.1 Prozeß, Operation, Ereignis

Ein *sequentieller Prozeß* ist eine Folge von *Operationen*. Operationen können atomar, unteilbar sein; sie können aber auch rekursiv aus Folgen unteilbarer Operationen zusammengesetzt sein.

Wenn man eine Operation *unteilbar* nennt, bedeutet dies, daß ihr zeitlicher Ablauf nicht beobachtbar oder hinsichtlich der betrachteten Problemstellung nicht von Bedeutung ist. Insbesondere können zwei unteilbare Operationen einander per definitionem zeitlich nicht überlappen, sie können nur gleichzeitig stattfinden oder einander zeitlich ausschließen. Um ihre Unteilbarkeit zu betonen, nennen wir unteilbare Operationen *Ereignisse* und verwenden den Begriff *Operation* ausschließlich für (möglicherweise) zusammengesetzte Ereignisfolgen.

Beispiel 1.1: Die Ausführung eines Maschinenbefehls und das Erkennen einer asynchronen Unterbrechung können aus einer bestimmten Sicht als unteilbar, als Ereignisse angesehen werden. Die Unterbrechung erfolgt entweder bei diesem, einem vorangehenden oder einem nachfolgenden Befehl. Verfeinert man die Sichtweise, indem man die Auflösung des Befehls in Mikrobefehle berücksichtigt, so stellt man fest, daß die Unterbrechung nicht bei allen, sondern nur bei einem bestimmten Mikrobefehlsschritt erkannt wird, der gewöhnlich am Anfang oder am Ende des Befehls liegt. Aus dieser Sicht ist also ein Maschinenbefehl nicht Ereignis, sondern (teilbare) Operation. Umgekehrt kann man die Sichtweise auch vergröbern und z.B. die Ausführung einer ganzen Unterbrechungsbehandlungsroutine als Ereignis auffassen. ∎

Wir wollen diese Begriffe nun formal präzisieren.

Definition 1.1: Ein *(sequentieller) Prozeß* $p = <E, \rightarrow_p>$ besteht aus einer nichtleeren Menge E von *Ereignissen* und einer Wohlordnung $\rightarrow_p \subset E \times E$. Ein Prozeß heißt *endlich*, wenn E endlich ist.

(Wenn keine Verwechslungsgefahr besteht, schreiben wir $\rightarrow$ statt $\rightarrow_p$.) Den Begriff Ereignis führen wir als nicht näher erklärten Grundbegriff ein.

Gilt $x \rightarrow_p y$, so sagen wir, im Prozeß p findet das Ereignis x *(zeitlich) vor* dem Ereignis y statt.

Die Definition umfaßt nur *diskrete* Prozesse. Zu jedem Ereignis $x \neq \max E$ gibt es aufgrund der Wohlordnungseigenschaft eindeutig ein nächstes, unmittelbar auf x folgendes Ereignis $y = \min\{z \in E \mid x \rightarrow z\}$. Wir werden uns ausschließlich mit Prozessen beschäftigen, in denen dieses berechenbar, die Ereignismenge E also in der durch die Ordnungsrelation $\rightarrow$ gegebenen Reihenfolge aufzählbar ist.

Ereignisse können als unteilbare Änderungen eines Zustands aufgefaßt werden. Zwischen je zwei Ereignissen befindet sich ein Prozeß in einem durch die vorangehende Ereignisfolge bestimmten, zeitlich ausgedehnten *Zustand*. Die Begriffe Ereignis und Zustand verhalten sich dual: Man kann Prozesse auch als geordnete Zustandsmengen definieren; z.B. als Sequenzen von 'communication capabilities' [Milne]. Hinsichtlich der Kommunikation und der Synchronisation zwischen Prozessen bietet die ereignisorientierte Sicht jedoch erhebliche Vorteile. Dies gilt auch für die Beschreibung von Prozessen durch Programme; Programme bestehen ja üblicherweise aus Anweisungen, nicht aus Zustandsbeschreibungen.

Beispiel 1.2: Ein durch einen Rechner ausgeführter Strom von Maschinenbefehlen ist ein Prozeß; jede einzelne Befehlsausführung ist ein Ereignis, das Register- und Speicherinhalte, also den Maschinenzustand, verändert. Sieht man einmal von der Peripherie ab, so ist dieser Prozeß völlig durch den anfänglichen Speicherinhalt determiniert; er ordnet jedem Ereignis eindeutig ein nächstes Ereignis zu. ∎

Unsere Auffassung von Prozeß kommt der in [Dijkstra68a, Dijkstra71, Hoare78a] am nächsten. Wir sehen außerdem einen engen Zusammenhang zwischen Prozessen und formalen Sprachen bzw. Automaten [Nivat81, Milner].

Prozesse werden häufig auch als *halb*geordnete Mengen von Ereignissen oder Operationen definiert [Broy, Winkowski80a, Winkowski80b]. Die diversen Prozeßbegriffe der Petri-Netz-Theorie (vgl. [Brauer] und Abschnitt 2.3) betonen ebenfalls die Halbordnungseigenschaft. Solche nicht rein sequentiellen Prozesse können als Kollektionen sequentieller Prozesse aufgefaßt werden, die miteinander in einer bestimmten, die zeitliche bzw. kausale Abhängigkeit festlegenden Art kommunizieren (Abschnitt 1.3 und Definition 4.4). Spaltet sich ein „Vaterprozeß" z.B. in mehrere „Kindprozesse" auf, so betrachten wir diese als eigenständig; der Vaterprozeß aktiviert sie, indem er ihnen eine „Startnachricht" sendet (vgl. auch die 'Direktor-Sekretärinnen-Relation' in [Dijkstra71]). In Kapitel 3 führen wir einen entsprechenden Strukturbegriff für parallele Systeme ein.

1.2 Prozeßobjekt, Prozeßtyp, Programm

Man muß sorgfältig zwischen *Prozeß*, *Prozeßobjekt* und *Prozeßtyp* unterscheiden. Jedem Prozeß entspricht ein Prozeßobjekt, das zeitlich veränderlich den bisherigen Programmablauf und seine mögliche(n) Fortsetzung(en) repräsentiert. Analog unterscheiden wir bei Ereignissen den Ereignisnamen vom Stattfinden des Ereignisses, bei Operationen den Operationsnamen vom Ablauf der Operation. Prozeßobjekte haben einen Prozeßtyp, der ihnen durch ein Programm zugeordnet ist. Verschiedene Prozeßobjekte können durchaus denselben Prozeßtyp besitzen. Umgekehrt beschreibt ein Programm ganze Klassen gleichartiger Prozeßobjekte, eben Prozeßtypen.

Der Vierte im Bunde ist der *Prozessor*, der das Programm ausführt und damit einen Prozeß als zeitlichen Ablauf an einem bestimmten Ort verwirklicht. Der Begriff Prozessor ist nur dann erforderlich, wenn nicht jeder Prozeß einen eigenen Prozessor besitzt, oder wenn man an realen *Zeit-* oder *Ortsverhältnissen* interessiert ist. Sonst kann man immer annehmen, jeder Prozeß bzw. das zugehörige Prozeßobjekt besitze einen eigenen virtuellen Prozessor, und die

11

zugrundliegende Zeit sei eine virtuelle. Wir abstrahieren deshalb zunächst von Zeit; erst in Kapitel 4 betrachten wir Zeit in verteilten Systemen.

Prozesse und Prozeßobjekte besitzen also einen Prozeßtyp; beides sind semantische Objekte zu diesem Typ. Die folgenden Definitionen betonen jedoch weniger den logischen Zusammenhang zwischen Prozeß und Typ als vielmehr den konstruktiven Zusammenhang zwischen Typ und Programm.

Definition 1.2: Ein *Prozeßtyp* $pt = <EN,B>$ besteht aus einer Menge EN von *Ereignisnamen* und einer präfixabgeschlossenen, nichtleeren Menge $B \subset EN^*$, dem *Verhalten* von pt. Ein Prozeßtyp heißt *regulär*, wenn B regulär ist.

(Unter dem Präfix einer Menge M von Wörtern verstehen wir die Menge $\text{pref}(M) = \{x \mid \exists y: xy \in M\}$; für ein einzelnes Wort x sei $\text{pref}(x) = \text{pref}(\{x\})$.) In parallelen Systemen sind Prozesse oft zyklisch; sie halten nicht an oder sollen zumindest nicht anhalten. Außerdem müssen wir alle für die Synchronisation relevanten Zustände beschreiben, die ein Prozeß einnehmen kann. Aus diesem Grund verlangen wir, daß das Verhalten B eines Prozeßtyps pt *präfixabgeschlossen* ist: $\forall xy \in B: x \in B$. Ein Prozeßtyp pt ist also nichts anderes als eine präfixabgeschlossene Sprache B über dem Alphabet EN.

Durch diese Auffassung gehen wir verschiedenen Komplikationen aus dem Weg. Insbesondere gewinnen wir einen einfach handhabbaren — und im regulären Fall entscheidbaren — Begriff der *Verhaltensgleichheit*, ohne, wie etwa in [Milner, Bochmann, Brookes83b] von den internen, nicht beobachtbaren Zuständen eines Prozeßobjekts eigens abstrahieren zu müssen.

Bekanntlich kann die Ablaufstruktur eines sequentiellen Programms ohne rekursive Prozeduren durch einen regulären Ausdruck über einer Menge von Elementarausdrücken dargestellt werden. Abbildung 1.1 zeigt eine Zuordnung zwischen üblichen Ablaufstrukturen und regulären Ausdrücken. Analog kann man einem sequentiellen Programm *mit* rekursiven Prozeduren eine

Ablaufstruktur	regulärer Ausdruck
a ; b	a ; b
if a **then** b **else** c	a ; (b / c)
if a **then** b	a ; [b]
while a **do** b	a ; *[b ; a]*
Prozeduraufruf	der dem Prozedurrumpf entsprechende Ausdruck

Abbildung 1.1: Zuordnung zwischen einigen üblichen Ablaufstrukturen und den entsprechenden regulären Ausdrücken.

kontextfreie Grammatik zuordnen.

Wir schreiben reguläre Ausdrücke mit den Operatoren ';' (Abfolge), '/' (Auswahl), '[ ]' (optionale Auswahl) und '*[ ]*' (Wiederholung). ';' bindet stärker als '/'; runde Klammern '( )' dienen zur Gruppierung.

Das Symbol '/' bezeichnet *nichtdeterministische* Auswahl im Sinne der 'guarded commands' von Dijkstra [Dijkstra75, Brinch78, Hoare78a]. Der einem Programm mit deterministischen Ablaufstrukturen zugeordnete reguläre Ausdruck beschreibt also i.a. eine echte Obermenge seines wirklichen Verhaltens.

Wir führen nun eine einheitliche Notation für Prozeßtypen und reguläre Ausdrücke ein (geschweifte Klammern {. . .} bezeichnen wiederholte, eckige Klammern [. . .] optionale Konstrukte).

Prozesstyp   ::= **process** reg_Ausdr **end**

reg_Ausdr   ::= Benennung

                   | reg_Ausdr { ('/' | ';' | ' == ') reg_Ausdr }

13

| | '*[' reg_Ausdr ']*'
| | '(' reg_Ausdr ')'
| | '[' reg_Ausdr ']'
| | (**sel** | **seq** | **sync**) [Bereich **in**] reg_Ausdr

Bereich   ::= [Bezeichner ':'] arith_Ausdr '. .' arith_Ausdr
| | Bezeichner ':' Bezeichner

Benennung   ::= [Bezeichner [Indizes] '.'] Bezeichner [Indizes]

Indizes   ::= '[' Index { ',' Index } ']'

Index   ::= arith_Ausdr ['. .' arith_Ausdr]

Die Notation ist weitgehend selbsterklärend. Die Symbole **sync** und ' == '
dienen zur Spezifikation von Gleichzeitigkeitsbedingungen. Genauer wird dies
im nächsten Abschnitt erklärt. Benennungen der Form 'p.e' sind ebenfalls nur
in Synchronisationsbedingungen zulässig; dort bezeichnen sie das Ereignis 'e'
des Prozeßobjekts 'p'.

Die Bedeutung der mittels **sel**, **seq** und **sync** bildbaren Ausdrücke ergibt sich
aus folgendem Schema: '**sel** i:a..b **in** r' ist gleichwertig zu
'$r_{i\to a}$ / $r_{i\to a+1}$ / $\cdots$ / $r_{i\to b}$', wobei '$r_{i\to x}$' den Ausdruck bezeichnet, der aus 'r'
entsteht, wenn man jedes darin frei auftretende 'i' durch 'x' ersetzt. Entspre-
chend ist '**seq** i:a..b **in** r' gleichwertig zu '$r_{i\to a}$; $r_{i\to a+1}$; $\cdots$; $r_{i\to b}$', und
'**sync** i:a..b **in** r' gleichwertig zu '$r_{i\to a}$ == $r_{i\to a+1}$ == $\cdots$ == $r_{i\to b}$'.
Das Weglassen des Bezeichners 'i' ist natürlich nur bei **seq** sinnvoll. '[r]'
schließlich ist gleichwertig zu '(ϵ / r)'. Weitere Einzelheiten finden sich in
[Röhrich80].

Zu einem Prozeßtyp $pt = <EN,B>$ können beliebig viele *Prozeßobjekte* gehören. Um diese zu unterscheiden, führen wir eine Menge PN von *Prozeßna-
men* ein, und bilden die Menge $PN \times EN$ der *qualifizierten Ereignisnamen*.

Ihre Elemente werden in der Form $p.e$, $p \in PN$, $e \in EN$ notiert. Die *kanonische Projektion* $\pi:PN \times EN \rightarrow EN$ ist durch $\pi(p.e) = e$ für alle $p.e \in PN \times EN$ definiert. Für beliebiges $p \in PN$ ist die Restriktion von π auf $\{p\} \times EN$ also eine Bijektion. Prozeßobjekte eines Typs sind dadurch charakterisiert, daß sie paarweise disjunkte Ereignisnamenmengen, aber allesamt isomorphes Verhalten haben.

Definition 1.3: Das *Prozeßobjekt* $po = <EN',B'>$ vom Typ $pt = <EN,B>$ mit Namen $p \in PN$ besteht aus der Menge $EN' = \{p.e \mid e \in EN\}$ *qualifizierter Ereignisnamen* und der Menge $B' = \{x \in EN'^* \mid \pi(x) \in B\}$. B' heißt das *Verhalten* von po.

Welche Prozesse gehören nun zu einem bestimmten Prozeßobjekt $po = <EN,B>$? Zunächst stellen wir fest, daß die durch

$$\forall x,y \in B: x \rightarrow_{po} y \quad \Longleftrightarrow \quad x \in \text{pref}(y) \setminus \{y\}$$

definierte Relation eine Halbordnung auf B ist. Die Elemente von B fassen wir als Ereignisse auf.

Definition 1.4: Sei $po = <EN,B>$ ein Prozeßobjekt. Dann heißt ein Prozeß $p = <E, \rightarrow_p>$ *Prozeß zu po*, wenn E eine maximale, präfixabgeschlossene Teilmenge von B ist, und wenn $\rightarrow_p \subset \rightarrow_{po}$ gilt.

Die Ereignisse eines zu einem Prozeßobjekt po gehörigen Prozesses sind hier als Wörter $e_1 \cdots e_n$ von Ereignisnamen repräsentiert; auf diese Weise unterscheiden wir das Stattfinden eines Ereignisses mit Namen e_n vom Ereignisnamen e_n selbst.

Die Forderung, daß E *maximale* Teilmenge von B ist, bringt zum Ausdruck, daß ein Prozeß erst dann terminiert, wenn das zugehörige Prozeßobjekt keine Fortsetzung mehr erlaubt.

Beispiel 1.3: Das Programm

i:=0; **loop** erzeugt; sendet[i]; i:=1−i **end loop**

transformieren wir zunächst zu dem Ausdruck

process *[**seq** i:0..1 **in** (erzeugt; sendet[i])]* **end** .

Die Zuweisungen an die Variable i sind für das Verhalten ohne Bedeutung, wenn wir einmal davon ausgehen, daß i eine lokale Variable ist. Wir lassen sie daher weg. Damit haben wir den Prozeßtyp $pt = {<}EN,B{>}$ mit den Ereignisnamen

$$EN = \{erzeugt,\ sendet_0,\ sendet_1\}$$

und dem Verhalten

$$B = \mathrm{pref}(\ast[erzeugt;sendet_0;erzeugt;sendet_1]\ast)\ .$$

Ein zu diesem Typ gehöriges Prozeßobjekt wäre z.B. $po = {<}EN',B'{>}$ mit

$$EN' = \{po.erzeugt,\ po.sendet_0,\ po.sendet_1\}$$

und

$$B' = \mathrm{pref}(\ast[po.erzeugt;po.sendet_0;po.erzeugt;po.sendet_1]\ast)\ .$$

Das Objekt beschreibt also den unendlichen Prozeß

$\epsilon \rightarrow erzeugt \rightarrow erzeugt\ sendet_0 \rightarrow erzeugt\ sendet_0\ erzeugt \rightarrow$
$\rightarrow erzeugt\ sendet_0\ erzeugt\ sendet_1 \rightarrow\ \cdots$

■

Vereinbarungen von Ereignisnamen und Prozeßobjekten fassen wir zu einem Programm zusammen:

Programm	::= Bezeichner ':' **program** { Vereinbarung ';' } **end**

Vereinbarung	::= Bezeichnung { ',' Bezeichnung } ':' **event**
	| Bezeichnung { ',' Bezeichnung } ':' Prozeßtyp
	| Bezeichner ':' **process class** reg_Ausdr **end**
Bezeichnung	::= Bezeichner ['[' Bereich { ',' Bereich } ']']

Eine Vereinbarung der Form

pc: **process class** reg_Ausdr **end**

definiert dabei eine nichtleere Menge $pc_{1\cdots n}$ von Prozeßobjekten; n ist beliebig, aber fest.

Das in Beispiel 1.3 angegebene Prozeßobjekt beschreiben wir also wie folgt:

Erzeugung: **program**
  erzeugt, sendet[0..1]: **event**;
  Erzeuger: **process**
    *[**seq** i:0..1 **in** (erzeugt; sendet[i])]*
  end;
end

1.3 Synchronisation, Kommunikation

Arbeiten mehrere Prozesse kooperierend an der Lösung einer Aufgabe, so sind Maßnahmen notwendig, um den Informationsaustausch, die Kommunikation zwischen ihnen zu steuern. Aber auch dann, wenn die Prozesse voneinander unabhängig mit verschiedenen Aufgaben befaßt sind, gibt es in der Regel aktive oder passive Betriebsmittel, z.B. Speicher, Busse, Peripheriegeräte oder Netzleitungen, die — gemeinsam benutzt — Konflikte verursachen können.

Kommunikations- und Zugriffsregeln gemeinsam ist ihre *Zeitbezogenheit*: Sie beschreiben zeitlich veränderliche Bedingungen, die eintreten müssen, damit ein Prozeß eine bestimmte Operation ausführen darf, oder die umgekehrt einen Prozeß dazu zwingen sollen, eine bestimmte Operation auszuführen.

Die meisten derartigen *Synchronisationsbedingungen* lassen sich auf drei einfache Muster zurückführen:

— zeitlicher Ausschluß;

— zeitliche Abfolge;

— Gleichzeitigkeit.

Symmetrische oder asymmetrische Ausschlußbedingungen sind oft bei Operationen einzuhalten, die auf gemeinsam genutzte Betriebsmittel wirken. Beispiel ist eine gemeinsame Variable, die zwar von mehreren Prozessen gleichzeitig oder zeitlich überlappend gelesen, aber stets nur von einem Prozeß verändert werden darf.

Abfolge- und Gleichzeitigkeitsbedingungen findet man bei asynchroner bzw. synchroner Kommunikation. Im asynchronen Fall findet die Kommunikation z.B. über passive Puffer statt, die gefüllt sein müssen, bevor sie geleert werden können, und die umgekehrt vor dem Füllen leer sein müssen. Im synchronen Fall nehmen zwei Prozesse gemäß einem bestimmten Protokoll unmittelbaren Kontakt miteinander auf. Der als erster kommunikationsbereite Prozeß muß warten, bis auch der zweite seine Bereitschaft signalisiert. Sind beide zum „Rendez-Vous" bereit, so findet der Informationsaustausch zumindest konzeptuell synchron ohne zwischengeschalteten Speicher statt.

Natürlich gibt es eine Vielzahl weiterer Synchronisationsmuster, insbesondere solche, die nicht nur von der Art der zu synchronisierenden Operationen, sondern auch von den dabei ausgetauschten, von gemeinsamen oder von prozeßeigenen Daten abhängen. Das Prinzip der *Datenabstraktion* erweist sich hier als sehr nützlich, um zu einem einheitlichen Synchronisationsbegriff zu gelangen, wenn es sich nicht überhaupt um Zusammenhänge handelt, die eher unter den Begriff *Ablaufsteuerung* fallen.

Im Prinzip kann man Synchronisationsbedingungen stets unter Bezugnahme auf eine Zeit formulieren. Zeit ist jedoch ein vor allem in verteilten Systemen schwierig zu realisierendes Konzept. Deshalb führen wir Synchronisationsbedingungen formal als spezielle Prozeßobjekte ein, deren Ereignisnamen jedoch nicht mehr elementar sind, sondern eine gewisse Struktur besitzen. Diese dient dazu, Gleichzeitigkeit zu spezifizieren.

Synchronisationsbedingungen setzen die Abläufe mehrerer Prozesse zueinander in Beziehung. Beobachtet man solche Abläufe, so stellt man fest, daß zu jedem Zeitpunkt keines, eines oder gleichzeitig mehrere Ereignisse verschiedener Prozesse stattfinden. Wir können Synchronisationsbedingungen also in Termen *paralleler Ereignisnamen* formulieren:

Definition 1.5: Sei PO eine Menge von Prozeßobjekten, $EN = \cup_{po \in PO} EN(po)$ und $EN^0 = EN \cup \{\epsilon\}$. Ein *paralleler Ereignisname* in PO ist eine Abbildung $t : PO \to EN^0$ mit $t(po) \neq \epsilon$ für wenigstens ein $po \in PO$. Die Menge aller parallelen Ereignisnamen wird mit PEN bezeichnet.

Wenn klar ist, zu welchen Prozeßobjekten die Ereignisnamen $e, f, \ldots, g$ gehören, notieren wir parallele Ereignisnamen in der Form $e == f == \cdots == g$. Das „leere" parallele Ereignis t^0 mit $\forall po \in PO : t^0(po) = \epsilon$ schließen wir aus, um in der freien Halbgruppe PEN^* ϵ als einziges neutrales Element zu haben. Ist t ein paralleler Ereignisname, so schreiben wir gewöhnlich t_{po} anstelle von $t(po)$. Da wir t^0 ausgeschlossen haben, sind durch die Forderung $uv(po) = u(po)v(po)$ auch Wörter $u, v \in PEN^*$ als Abbildungen $PO \to EN^{0*}$

definiert; wiederum schreiben wir u_{po} statt $u(po)$ und sprechen von der *Projektion von u auf po*.

Das Verhalten einer Menge PO von Prozeßobjekten können wir nun durch ein einziges Prozeßobjekt $\Pi(PO)$ — das *freie Produkt von PO* — beschreiben.

Definition 1.6: Das *freie Produkt* einer Menge PO von Prozeßobjekten ist das Prozeßobjekt $\Pi(PO) = <PEN,B>$ mit

$$B = \{u \in PEN^* \mid \forall po \in PO : u_{po} \in B(po)\} \ .$$

Im freien Produkt $\Pi(PO)$ sind die Prozeßobjekte völlig unabhängig voneinander. Insbesondere ist es zulässig, daß ein zu einem der beteiligten Prozeßobjekte gehöriger Prozeß in Relation zu den anderen ,,unendlich langsam" abläuft.

Beispiel 1.4: Wir betrachten das folgende Programm:

```
Erzeugen_Verbrauchen:program
  erzeugt,sendet,empfängt,verbraucht:event;
  Erzeuger:process *[ erzeugt; sendet ]* end;
  Verbraucher:process *[ empfängt; verbraucht ]* end;
END
```

Das Verhalten der beiden Prozeßobjekte $PO = \{Erzeuger, Verbraucher\}$ ist

$$B(Erzeuger) = \text{pref}(*[erzeugt;sendet]*)$$

bzw.

$$B(Verbraucher) = \text{pref}(*[empf\ddot{a}ngt;verbraucht]*) \ .$$

Die parallelen Ereignisnamen über PO sind

$$PEN = \{ erzeugt, \ sendet, \ empf\ddot{a}ngt, \ verbraucht,$$
$$erzeugt == empf\ddot{a}ngt, \ erzeugt == verbraucht,$$
$$sendet == empf\ddot{a}ngt, \ sendet == verbraucht\} \ .$$

Ein mögliches Verhalten des Produkts $\Pi(PO)$ ist auch

$$erzeugt; \ sendet; \ erzeugt; \ \cdots ; \ sendet; \ \cdots \ .$$

Der Verbraucher wird dabei nie aktiv. ∎

Das freie Produkt $\Pi(PO)$ beschreibt parallele Prozesse ähnlich wie die 'infinitary relations' $(EN^\omega)^{PO}$ in [Nivat80, Nivat81]; die in [Lauer75] eingeführte, netzorientierte Semantik paralleler Prozesse ermöglicht es hingegen nicht, von Gleichzeitigkeit zu sprechen.

Durch Synchronisationsbedingungen können wir nun die an sich unabhängigen Prozessobjekte eines freien Produkts zueinander in Beziehung setzen.

Definition 1.7: Sei PO eine Menge von Prozeßobjekten, PEN die Menge aller zugehörigen parallelen Ereignisnamen. Ein *Pfad* für PO ist ein Prozeßobjekt $q = <PEN,B>$.

Der hier eingeführte Begriff *Pfad* ist erheblich mächtiger als die in [Campbell74, Lauer78, Lauer79] definierten 'path expressions'.

Erstens können wir Rendez-Vous direkt, ohne den Umweg über Protokolle wie z.B. *Händeschütteln* beschreiben. Solche Protokolle vergrößern im allgemeinen die Anzahl der zu betrachtenden Systemzustände erheblich; sie wächst exponentiell mit ihrer Anzahl.

Zweitens lassen wir beliebige reguläre Ausdrücke, also nicht nur reine Zyklen der Form '*[r]*' zu. Dies ist von Bedeutung, wenn ein System zunächst eine Initialisierungsphase (oder am Ende eine Abschlußphase) durchläuft; zyklische Pfade sind dann nicht ausreichend.

In Programmen vereinbaren wir Pfade wie folgt:

    Vereinbarung   ::= Bezeichnung ':' **path** reg_Ausdr **end**

Wie bereits erwähnt, können in dem regulären Ausdruck die Notationen ' == ' und **sync** verwandt werden, außerdem dürfen Ereignisnamen dort in der qualifizierten Form $p.e$ auftreten. Ein unqualifizierter Ereignisname e in einem Pfad ist äquivalent zu dem Ausdruck $p_1.e/\cdots/p_n.e$, wobei p_i die Menge aller Prozeßobjekte durchläuft, in denen der Ereignisname e vorkommt.

Beispiel 1.5: Ein Pfad, der zu einer sinnvollen Kooperation zwischen den beiden Prozeßobjekten aus Beispiel 1.4 führt, ist z.B.

Rendez_Vous:**path** *[sendet == empfängt]* **end**;

Er erzwingt die Gleichzeitigkeit der beiden Ereignisse *sendet* und *empfängt*; über *erzeugt* und *verbraucht* macht er keine Aussage. Sein Verhalten ist daher

$$B = \text{pref}(*[erzeugt/verbraucht/erzeugt == verbraucht/$$
$$sendet == empfängt]*) \; .$$

Eine andere Möglichkeit, die Kommunikation zwischen den beiden Prozeßobjekten zu beschreiben, wäre die folgende:

Kanal:**path** *[sendet; empfängt]* **end** .

Dieser Pfad spezifiziert das Verhalten

$$B = \text{pref}(*[*[erzeugt/verbraucht/erzeugt == verbraucht]*;$$
$$sendet;$$
$$*[erzeugt/verbraucht/erzeugt == verbraucht]*;$$
$$empfängt]*) \; ,$$

erzwingt also, daß die beiden Ereignisse *sendet* und *empfängt*, beginnend mit *sendet*, alternieren. ■

Die grundlegenden Synchronisationsbeziehungen *Zeitlicher Ausschluß*, *Zeitliche Abfolge* und *Gleichzeitigkeit* zwischen Ereignissen e und f lassen sich durch sehr einfache Pfade ausdrücken:

e,f:**event**;
Ausschluß:**path** *[e/f]* END;
Abfolge:**path** *[e;f]* **end**;
Rendez_Vous:**path** *[e == f]* **end**;

Der Abfolgepfad hat die Wirkung eines mit 1 initialisierten Semaphors s; e repräsentiert die Operation $P(s)$, f die Operation $V(s)$. Weitere Beispiele finden sich in Kapitel 7 sowie in [Röhrich80].

1.4 Parallele Systeme

Wir haben Pfade als „Synchronisationsbedingungen" bezeichnet. Damit wird die Hauptanwendung betont, die Pfade in lokal konzentrierten Systemen haben: Sie beschreiben zeitliche Einschränkungen, die eingehalten werden müssen, um die Konsistenz gemeinsam benutzter Variabler oder sonstiger Betriebsmittel sicherzustellen.

In verteilten Systemen wäre die Bezeichnung „Kommunikationsbedingungen" angebrachter. Pfade dienen hier dazu, den Austausch von Nachrichten oder ganz allgemein temporale bzw. kausale Zusammenhänge abstrakt, unabhängig von etwa ausgetauschten Daten, zu spezifizieren. Die beteiligten Ereignisse spielen dabei die Rolle, die die 'Signale' in [Hoare78a] haben.

Der in diesem Abschnitt eingeführte Begriff *Paralleles System* abstrahiert sowohl von räumlicher Verteilung als auch vom Unterschied zwischen temporalen und kausalen Zusammenhängen. Klar zutage treten solche Unterschiede — dann allerdings drastisch — in Implementierungen solcher Systeme (vgl. Kapitel 5).

Ein paralleles System besteht aus einer Menge von Prozeßobjekten und einer Menge von Pfaden, die die für die Koordination der Prozeßobjekte erforderlichen Synchronisationsbedingungen beschreiben. Das Verhalten eines parallelen Systems ist jene Teilmenge des Verhaltens des freien Produkts der Prozeßobjekte, die allen gegebenen Synchronisations- bzw. Kommunikationsbedingungen genügt.

Definition 1.8: Ein *paralleles System* $S = \langle PO, Q \rangle$ besteht aus einer Menge PO von Prozeßobjekten und einer Menge Q von Pfaden zwischen diesen. Die Menge

$$B(S) = \{ u \in PEN^* \mid \forall po \in PO: u_{po} \in B(po) \land \forall q \in Q: u \in B(q) \}$$

heißt das *Verhalten* von S. Ein paralleles Systen heißt *regulär*, wenn alle seine Prozeßobjekte und Pfade regulär sind.

Einem parallelen System S entspricht also wieder ein Prozeßobjekt $<PEN,B(S)>$. Damit sind sowohl der Begriff *Prozeß* als auch der Begriff *Paralleles System mit Synchronisationsbedingungen* auf einen einheitlichen Begriff zurückgeführt. Dies bildet die Grundlage für die in Kapitel 3 eingeführten, hierarchisch strukturierten Systeme.

Beispiel 1.6: Als Beispiel betrachten wir das Erzeuger-Verbraucher-System aus Beispiel 1.4 mit der in Beispiel 1.5 angegebenen Synchronisation durch Rendez-Vous. Das Verhalten dieses Systems ist

$$B(S) = \text{pref}(erzeugt;*[sendet == empfängt;$$
$$(erzeugt;verbraucht/verbraucht;erzeugt/$$
$$erzeugt == verbraucht)]*)$$

■

Reguläre parallele Systeme sind deshalb von besonderer Bedeutung, weil sie, als Prozeßobjekte aufgefaßt, selbst wieder ein reguläres Verhalten haben, wie der folgende Satz zeigt.

Satz 1.1: Sei $S=<PO,Q>$ ein reguläres paralleles System. Dann ist das Verhalten B von S regulär.

Beweis: Sei $h_{po}:PEN^* \to E^*$ die Projektion von PEN^* auf das Prozeßobjekt po. Dann läßt sich B in der Form

$$B = \bigcap_{po \in PO} h_{po}^{-1}(B(po)) \cap \bigcap_{q \in Q} B(q)$$

schreiben. Da die h_{po} Halbgruppenhomomorphismen und reguläre Mengen bezüglich inversem Halbgruppenhomomorphismus und Durchschnitt abgeschlossen sind, ergibt sich die Behauptung. ■

Satz 1.1 hat theoretisch und praktisch bedeutsame Konsequenzen. Erstens sind für reguläre parallele Systeme viele Fragen entscheidbar, die dies für allgemeine parallele Systeme nicht sind. Hierzu zählen z.B. die im nächsten Abschnitt behandelten *Lebendigkeitsfragen* oder die Frage der *Verhaltensgleichheit*. Zweitens gewinnen wir neben der Repräsentation des Verhaltens als *formale*

Sprache die weitaus anschaulichere Darstellung in Form eines *endlichen Automaten*, dessen Zustände die Systemzustände, und dessen Übergänge die parallelen Ereignisse sind. In Abschnitt 2.2 und Kapitel 6 zeigen wir, wie man diesen Automaten gemäß [Röhrich80] zur automatischen Verifikation von Systemeigenschaften einsetzen kann. Bei Aussagen über individuelle Prozesse wird dabei die Struktur der Menge *PEN* der parallelen Ereignisnamen ausgenutzt.

Satz 1.1 besitzt Verallgemeinerungen, die jedoch eher von theoretischem Interesse sind. Gehört das Verhalten eines Prozeßobjekts oder Pfades zu einer bestimmten abstrakten Sprachfamilie (AFL), und ist das der übrigen Prozeßobjekte und Pfade regulär, so gehört das Systemverhalten zur selben Sprachfamilie, da AFL gegenüber dem Durchschnitt mit regulären Mengen abgeschlossen sind. Sind jedoch z.B. mehrere kontextfreie Sprachen beteiligt, so ist diese Abschlußeigenschaft nicht mehr gegeben.

Durch die Beschränkung auf reguläre parallele Systeme schließt man durchaus praktisch bedeutsame Fälle aus. Ein Erzeuger-Verbraucher-System mit einem unbeschränkten Puffer hat z.B. das durch folgende Grammatik beschriebene, kontextfreie Verhalten:

$$S ::= \epsilon \mid erzeugt\ S \mid erzeugt\ S\ verbraucht\ S$$

Natürlich kann man sich auf den Standpunkt stellen, daß unbeschränkte Puffer garnicht implementiert werden können; wir halten dieses Argument aber für wenig stichhaltig. Wichtig erscheint uns die aufgeführte Entscheidbarkeit von Systemeigenschaften; sie geht beim Übergang auf nichtreguläre parallele Systeme i.a. verloren.

1.5 Lebendigkeitseigenschaften

Wenn man ein paralleles System spezifiziert, intendiert man in der Regel Eigenschaften wie:

1. Das System bleibt für immer aktiv. Es hält nie an.

2. Alle Prozeßobjekte des Systems bleiben für immer aktiv. Keines hält je an.

3. Ein Ereignis mit einem bestimmten Namen findet unbeschränkt oft statt. Es gibt keinen Zustand des Systems, der es für alle Zeiten ausschließt.

4. Die Prozeßobjekte sind gleichberechtigt. Keines kann von einem anderen oder von einer Gruppe anderer dominiert oder ungerecht behindert werden.

5. Die Prozeßobjekte sind — z.B. durch Prioritäten — halbgeordnet. Übergeordnete Prozeßobjekte haben stets Vorrang vor untergeordneten.

Wir fassen solche Eigenschaften unter dem Begriff *Lebendigkeitseigenschaften* zusammen. Analog kann man auch *Terminierungseigenschaften* betrachten, z.B.

6. Das System hält (in einem definierten Endzustand) an.

7. Bestimmte Prozesse werden stets abgeschlossen.

Die angegebene Aufzählung ist keineswegs vollständig. Vor allem in der Theorie der Petri-Netze existieren eine Vielzahl weiterer Lebendigkeitsbegriffe [Lautenbach]. In Kapitel 2 geben wir eine umfassendere Darstellung. Vorläufig genügen uns die folgenden Begriffsbildungen.

Definition 1.9: Ein Prozeßobjekt $po = <EN,B>$ heißt *lebendig*, wenn sein Verhalten B kein Maximum (letztes Element) bzgl. der Halbordnung $\rightarrow_{po}$ hat, wenn also

$$\forall x \in B \; \exists e \in EN : xe \in B$$

gilt.

Ein lebendiges Prozeßobjekt besitzt also lauter unendliche Prozesse. Man beachte, daß umgekehrt das Prozeßobjekt mit dem unendlichen Verhalten $*[e]*;f$ nicht lebendig ist!

Parallele Systeme bestehen oft nicht nur aus lebendigen Prozeßobjekten. Einige von ihnen können z.B. lediglich Initialisierungsaufgaben erfüllen und dann terminieren. Wir definieren Lebendigkeit deshalb so, daß zum Ausdruck kommt, daß das System nur dann anhalten darf, wenn alle seine Prozesse abgeschlossen sind.

Definition 1.10: Ein paralleles System $S=<PO,Q>$ heißt *lebendig* oder auch *verklemmungsfrei*, wenn gilt:

$$\forall v \in B(S),\ po \in PO,\ v_{po}\, e \in B(po)\ \exists t \in PEN:\ vt \in B(S)$$

Gilt umgekehrt

$$(\ \exists po \in PO,\ v_{po}\, e \in B(po)) \wedge (\ \forall t \in PEN:\ vt \notin B(S))\ ,$$

so nennen wir v eine *Verklemmung* von S.

Den Zusammenhang mit dem in der Literatur üblichen Begriff der Verklemmungsfreiheit für Systeme, die ausschließlich aus lebendigen Prozeßobjekten bestehen, stellt der folgende Satz her:

Satz 1.2: Enthält ein paralleles System $S=<PO,Q>$ wenigstens ein lebendiges Prozeßobjekt $po \in PO$, so ist es lebendig genau dann, wenn das Prozeßobjekt $<PEN,B(S)>$ lebendig ist.

Der Begriff der Verklemmungsfreiheit ist denkbar schwach. Die Existenz eines einzigen unendlichen Prozesses genügt, um das System „am Leben zu halten". Berücksichtigt man, daß nicht notwendig alle Prozesse mit für die Systemfunktion relevanten Aufgaben betraut sind, so wird klar, daß wir einen stärker problembezogenen Lebendigkeitsbegriff entwickeln müssen. In Kapitel 3 definieren wir Lebendigkeit deshalb im Sinne von Spezifikationstreue bzw. totaler Korrektheit.

Lebendigkeitseigenschaften sind im allgemeinen nicht, wohl aber für *reguläre* parallele Systeme entscheidbar. Leider hängt die Komplexität des Nachweises der Verklemmungsfreiheit dann immer noch exponentiell von der Anzahl der Prozeßobjekte und Pfade des Systems ab; andere Probleme in diesem Bereich sind zumindest NP-vollstandig [Taylor80, Taylor83].

In [Lauer75, Lauer78] wird daher versucht, allein aus syntaktischen Eigenschaften eines parallelen Programms bzw. topologischen Eigenschaften eines zugeordneten Petri-Netzes auf die Lebendigkeitseigenschaften des zugehörigen parallelen Systems zu schließen. Das ist in polynomialer Zeit möglich. Selbst wenn man statt Verklemmungsfreiheit die dort eingeführte, logisch stärkere Eigenschaft 'adequacy' betrachtet, bleibt die Klasse der Systeme, über die man auf diese Weise Aussagen gewinnen kann, verhältnismäßig klein.

In Kapitel 3 gehen wir deshalb von einer Systemzerlegung in hierarchisch angeordnete Moduln aus, die durch Schnittstellen gekoppelt sind. Mittels struktureller Induktion können wir so den Aufwand für Lebendigkeitsanalysen auf ein praktikables Maß senken.

2. LEBENDIGKEITSEIGENSCHAFTEN

2.0 Überblick

Lebendigkeitseigenschaften sind wichtige Korrektheitskriterien für parallele Systeme. Sie können auch als Konsistenzbedingungen für die Synchronisation aufgefaßt werden. Widersprüchliche Synchronisation führt dazu, daß einige oder auch alle Prozesse des Systems blockiert oder zumindest in unerwünschter Weise behindert werden.

Der Begriff Lebendigkeit erfordert eine klare Trennung zwischen aktiven und passiven Systemkomponenten, insbesondere also zwischen Prozeßobjekten und Pfaden. Prozeßobjekte „treiben" das System in dem Sinne, daß sie verlangen, daß gewisse Ereignisse in gewissen Reihenfolgen stattfinden. In Echtzeitsystemen treten natürlich noch physische Randbedingungen hinzu. Zum Beispiel laufen Peripherieprozesse oft aufgrund mechanischer Gegebenheiten mit fester, unveränderlicher Geschwindigkeit und können nicht angehalten werden. Im Gegensatz zu den die eigentlichen Systemfunktionen bereitstellenden Prozessen sind Pfade passive, für das nach außen sichtbare Systemverhalten bedeutungslose Systemkomponenten. Wir schließen damit nicht aus, daß sie, z.B. in Programmiersprachen wie Ada [Ada] oder CSP [Hoare78a], die das Rendez-Vous als einziges Synchronisationskonzept haben, als Prozesse implementiert werden. Unter Lebendigkeitsgesichtspunkten unterscheiden sich solche Prozesse aber ganz wesentlich von den eigentlichen Problem-Prozessen: Das Blockieren eines Pfades ist unerheblich, das eines Problem-Prozesses nicht. Auch in Petri-Netzen wird dieser Unterschied verwischt.

Es gibt in der Literatur — vor allem im Bereich der Petri-Netz-Theorie — eine Vielzahl von Lebendigkeitsbegriffen [Lautenbach]. Zum Beispiel nennt man ein paralleles System *verklemmungsfrei*, wenn es aktiv bleibt, solange es einen noch nicht terminierten Prozeß gibt. Enthält das System auch nur ein unendliches Prozeßobjekt, so muß es für immer aktiv bleiben können.

Verklemmungsfreiheit bedeutet lediglich, daß wenigstens ein Prozeß weiterläuft. Andere Prozesse können sehr wohl auf immer blockiert sein. Deshalb nennen wir ein paralleles System *blockfrei*, wenn *alle* endlichen Prozesse tatsächlich terminieren, und wenn *alle* unendlichen Prozesse für immer weiterlaufen. Sind alle Prozesse endlich, so sind Verklemmungs- und Blockfreiheit äquivalent.

Ein weiterer, mit Lebendigkeit zusammenhängender Gesichtspunkt ist Determinismus. Prozesse können deterministisch oder nichtdeterministisch zwischen Alternativen wählen. Im nichtdeterministischen, oft auch als *selektives Warten* bezeichneten Fall können die Synchronisationsbedingungen die Auswahl bestimmter Alternativen für immer ausschließen. In [Lauer78, Lauer79] werden solche Systeme *inadäquat* genannt. Es hängt aber von der Problemstellung ab, ob Adäquatheit für eine korrekte Systemfunktion überhaupt notwendig ist (vgl. hierzu auch die 'key transitions' in [Keller]).

Schließlich muß man zwischen *globalen* und *lokalen* Lebendigkeitseigenschaften unterscheiden. Globale Lebendigkeitseigenschaften setzen das Verhalten eines parallelen Systems $S = <PO,Q>$ zum Verhalten $B(\Pi(PO))$ des freien Produkts der Prozeßobjekte in Beziehung. Gilt z.B. $v \in B(S)$ und $vt \in B(\Pi(PO))$, so kann man das parallele Ereignis t als das interpretieren, was die Prozesse als nächstes tun wollen. Globale Lebendigkeitseigenschaften besagen, daß diese

Anforderungen befriedigt werden können, ohne daß die Prozeßobjekte hierzu kooperieren müssen. Im Gegensatz dazu sind lokale Lebendigkeitseigenschaften Zusammenhänge zwischen dem Verhalten $B(S)$ des Gesamtsystems und dem Verhalten $B(po)$ eines einzelnen Prozeßobjekts. Gilt z.B. $v \in B(S)$ und $v_p\, e \in B(po)$, so möchte das Prozeßobjekt po als nächstes das Ereignis e stattfinden lassen. Es kann sein, daß diese Anforderung nur befriedigt werden kann, indem die Anforderungen anderer Prozeßobjekte — zumindest zeitweilig — zurückgestellt werden.

In einem gewissen Gegensatz zu Lebendigkeitsfragen stehen Terminierungseigenschaften. Lebendigkeitsaussagen sind Aussagen darüber, daß bestimmte Ereignisse eintreten *können*, also nicht ausgeschlossen sind, während Terminierung besagt, daß ein bestimmtes Ereignis stattfinden *muß*.

Wir wollen diesen Unterschied an einem Beispiel verdeutlichen. Ist ein Prozeßobjekt $po = {<}EN,B{>}$ mit dem Verhalten $B = \mathrm{pref}(*[e]*;f)$ Teil eines blockfreien parallelen Systems, so ist sicher, daß das Ereignis f stattgefunden hat, wenn das System anhält — falls es überhaupt anhält. Ist das System darüberhinaus global adäquat, so kann sich f, wenn es noch nicht stattgefunden hat, auf jeden Fall noch ereignen. Hängt die korrekte Systemfunktion davon ab, daß f tatsächlich stattfindet, so muß dies durch Synchronisationsbedingungen — z.B. in der Form

path po.f; *[po'.g]* **end**

mit der Bedeutung „*po'.g* setzt f voraus" — zum Ausdruck gebracht werden. Die Frage, ob das Prozeßobjekt po (mit f) anhält, ist dann formal äquivalent zu der Frage, ob *po po' verhungern* lassen kann (Definition 2.8). In einigen Fällen kann man also aus Lebendigkeitseigenschaften unmittelbar oder mittelbar auf Terminierungseigenschaften schließen.

In diesem Kapitel führen wir zunächst ein weites Spektrum von Lebendigkeitsbegriffen ein und fassen die Relationen zwischen ihnen in einem Satz zusammen. Dann befassen wir uns mit dem Problem des Verhungerns. Im letzten

Abschnitt gehen wir auf entsprechende Ergebnisse aus dem Bereich der Petri-Netz-Theorie ein. Mit einem problemorientierten Lebendigkeitsbegriff werden wir uns in Kapitel 3 auseinandersetzen.

2.1 Lokale und globale Lebendigkeitseigenschaften

In diesem Abschnitt führen wir eine Reihe von Lebendigkeitsbegriffen ein und beweisen die in Abbildung 2.1 dargestellten Beziehungen. Alle als einfache Pfeile gezeigten Relationen sind strikt. Wir beschränken uns zunächst darauf, die zum Nachweis der Striktheit erforderlichen Gegenbeispiele anzugeben. Dabei wählen wir, wenn möglich, zyklische und deterministische Prozeßobjekte und Pfade, um die praktische Relevanz der Begriffe aufzuzeigen. Am Ende des

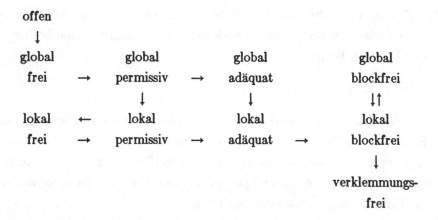

Abbildung 2.1: Inklusionsbeziehungen zwischen den in diesem Kapitel eingeführten Lebendigkeitsbegriffen. Alle als einfache Pfeile dargestellten Inklusionen sind strikt.

Abschnitts fassen wir die Ergebnisse im Satz 2.2 zusammen.

Die stärkste denkbare Lebendigkeitseigenschaft ist, daß das System sich wie das freie Produkt seiner Prozeßobjekte verhält.

Definition 2.1: Ein paralleles System $S=<PO,Q>$ heißt *offen*, wenn

$$B(S) = B(\Pi(PO)) \tag{2.1}$$

gilt.

In einem offenen System werden die Prozesse durch die Pfade überhaupt nicht eingeschränkt, es ist verhaltensgleich mit dem pfadlosen System $S' = <PO,\emptyset>$. Offene Systeme sind deshalb aus praktischer Sicht uninteressant.

Die Bedingung (2.1) ist äquivalent zu

$$\forall\, v \in B(S),\ vt \in B(\Pi(PO)): vt \in B(S)\ . \tag{2.2}$$

In dieser Form besagt sie, daß die angeforderten Ereignisse t_{po} stets sofort und parallel stattfinden können. Wir erhalten eine etwas schwächere Bedingung, wenn wir lediglich die Existenz einer parallelen Ereignisfolge w mit $w_{po} = t_{po}$ für alle po fordern. Dies bedeutet, daß die die durch t ausgedrückten Anforderungen der einzelnen Prozeßobjekte in der durch w angegebenen Anordnung befriedigt werden können. Aus dem Blickwinkel eines einzelnen Prozesses ist das überhaupt keine Beschränkung.

Definition 2.2: Ein paralleles System $S=<PO,Q>$ heißt *global frei*, wenn

$$\forall\, v \in B(S),\ vt \in B(\Pi(PO))\ \exists\, vw \in B(S)\ \forall\, po \in PO: w_{po} = t_{po}\ , \tag{2.3}$$

und *lokal frei*, wenn

$$\forall\, v \in B(S),\ po \in PO,\ v_{po}\, e \in B(po)\ \exists\, vw \in B(S): w_{po} = t_{po}\ . \tag{2.4}$$

Beispiel 2.1: Das folgende System ist global frei, aber nicht offen:

FreiUndNichtOffen: **program**
  benutzt: **event**;
  Benutzer[1..2]: **process** *[benutzt]* **end**;
  Ausschluß: **path** *[benutzt]* **end**;
end

Es gilt nämlich

$$Benutzer_1.benutzt \ == \ Benutzer_2.benutzt \in$$
$$B(\Pi(Benutzer_1, Benutzer_2)) \backslash B(S) \ ,$$

also ist das System nicht offen. Andererseits kann man $Benutzer_1.benutzt$ und $Benutzer_2.benutzt$ stets zu $w = t_1 t_2$ mit $t_1 = Benutzer_1.benutzt$ und $t_2 = Benutzer_2.benutzt$ zusammensetzen; das System ist also global frei. ∎

Freiheit garantiert, daß die Anforderungen der Prozeßobjekte fast augenblicklich befriedigt werden können. Danach können die beteiligten Prozesse beliebig weiterarbeiten. Eine wiederum etwas schwächere Bedingung ergibt sich, wenn ein Prozeßobjekt nach Befriedigung seiner eigenen Anforderung dabei „mithelfen" muß, die der anderen Prozesse zu gewährleisten.

Definition 2.3: Ein paralleles System $S = <PO, Q>$ heißt *global permissiv*, wenn

$$\forall v \in B(S), \ vt \in B(\Pi(PO)) \ \exists vw \in B(S) \ \forall po \in PO: t_{po} \leq w_{po} \ , \qquad (2.5)$$

und *lokal permissiv*, wenn

$$\forall v \in B(S), \ po \in PO, \ v_{po}e \in B(po) \ \exists vw \in B(S): e \leq w_{po} \ . \qquad (2.6)$$

(Für Wörter x, y bedeutet $x \leq y$, daß x Präfix von y ist.) Ein lokal permissives System ist auch lokal frei, da w ein Präfix w' mit $w'_{po} = e$ haben muß.

Beispiel 2.2: Das folgende System ist global permissiv (also auch lokal permissiv und lokal frei), jedoch nicht global frei:

PermissivNichtFrei: **program**
   sendet, empfängt: **event**;
   Erzeuger: **process** *[sendet]* **end**;
   Verbraucher: **process** *[empfängt]* **end**;
   Puffer: **path** *[sendet;empfängt]* **end**;
end

Um zu sehen, daß es nicht global frei ist, wählen wir $v = \epsilon$ und $t = emp$-*fängt*. Da jedes $w \in B(S)$, das *empfängt* enthält, mit *sendet* anfangen muß, ist $w_p = t_p = \epsilon$ nicht erfüllbar. Das System ist aber natürlich global permissiv.
∎

In einem permissiven System kann ein Prozeß zur Mithilfe gezwungen werden, *nachdem* seine Anforderung befriedigt ist. Man erhält eine noch etwas schwä-chere Lebendigkeitsbedingung, wenn man solche Mithilfe auch schon vorher verlangt.

Definition 2.4: Ein paralleles System $S = <PO, Q>$ heißt *global adäquat*, wenn

$$\forall v \in B(S), \; vt \in B(\Pi(PO)) \; \exists vw \in B(S) \; \forall po \in PO: t_{po} \subset w_{po} \; , \qquad (2.7)$$

und *lokal adäquat*, wenn

$$\forall v \in B(S), \; po \in PO, \; v_{po}\, e \in B(po) \; \exists vw \in B(S): e \subset w_{po} \; . \qquad (2.8)$$

(Für Wörter x, y bedeutet $x \subset y$, daß x verteilte Teilfolge von y ist, daß also x in der Form $x_1 \cdots x_n$ und y in der Form $y_0 x_1 y_1 \cdots x_n y_n$ geschrieben wer-den kann.) Lokale Adäquatheit stimmt mit der in [Lauer78, Lauer79] einge-führten 'adequacy' überein.

Beispiel 2.3: Das folgende System ist global adäquat, aber nicht einmal lo-kal permissiv.

AdäquatNichtPermissiv: **program**
   sendet[1..2], empfängt[1..2]: **event**;
   p: **process** *[**sel** sendet[1..2]]* **end**;

q: **process** *[**sel** empfängt[1..2]]* **end**;
rse[i:1..2]: **path** *[sendet[i]; empfängt[i]]* **end**;
rs: **path** *[**seq** sendet[1..2]]* **end**;
re: **path** *[**seq** empfängt[1..2]]* **end**;
end

Die lokale Permissivität ist bei $v = \epsilon$ und $e = sendet_2$ verletzt. Es ist aber klar, daß das System global adäquat ist. ■

Noch interessanter ist das folgende Gegenbeispiel, das zeigt, daß keine der lokalen Eigenschaften eine der bis jetzt definierten globalen Eigenschaften impliziert.

Beispiel 2.4:

LokalNichtGlobal: **program**
e, f, g, h: **event**;
p1: **process** e / f **end**;
p2: **process** g / h **end**;
q1: **path** e;h **end**;
q2: **path** g;f **end**;
end

Dieses System ist lokal frei, aber global nicht einmal adäquat. Um dies zu sehen, zählen wir das gesamte Systemverhalten auf:

$$B = \{\epsilon,\ e,\ g,\ e == g,\ eg,\ ge,\ eh,\ gf\}$$

Zunächst zeigen wir, daß das System lokal frei bezüglich p_1 und damit aus Symmetriegründen insgesamt lokal frei ist. In den Fällen $v \in \{eg,\ ge,\ eh,\ gf\}$ ist p_1 terminiert. Nach g hat p_2 aufgehört und p_1 kann frei zwischen e oder f wählen. Nach ϵ können e oder f von p_1 in der Form e bzw. gf stattfinden (p_2 muß also ,,mithelfen''). Mithin ist das System lokal frei. Sei nun $v = \epsilon$ und $t = \{h == f\}$. Da jedes nichtleere Wort aus B mit e, f oder $e == f$ beginnt, kann höchstens eines der beiden Ereignisse h oder f stattfinden, nicht jedoch beide. Daher ist das System nicht global adäquat. ■

Bis jetzt haben wir uns mit Fällen beschäftigt, in denen die Prozesse ein ganz bestimmtes Ereignis stattfinden lassen wollen. Adäquatheit besagt, daß jedes solche Ereignis irgendwann erreichbar ist. Noch schwächer sind die folgenden Lebendigkeitseigenschaften.

Definition 2.5: Ein paralleles System $S=<PO,Q>$ heißt *global blockfrei*, wenn

$$\forall v \in B(S),\ vt \in B(\Pi(PO))\ \exists vw \in B(s)\ \forall po \in PO:$$
$$t_{po} \neq \epsilon \supset w_{po} \neq \epsilon\ , \tag{2.9}$$

und *lokal blockfrei*, wenn

$$\forall v \in B(S),\ po \in PO,\ v_{po}\, e \in B(po)\ \exists vw \in B(s): w_{po} \neq \epsilon\ . \tag{2.10}$$

Der Unterschied zwischen Blockfreiheit und Adäquatheit wirkt sich z.B. dann aus, wenn ein Prozeß in einem selektiven Wartezustand eines aus einer Menge verschiedener Ereignisse fordert. Blockfreiheit besagt lediglich, daß der Prozeß fortschreiten kann, während Adäquatheit gewährleistet, daß dies mit einem von dem Prozeß bestimmten Ereignis möglich ist. Im Gegensatz zu den stärkeren Lebendigkeitseigenschaften sind lokale und globale Blockfreiheit äquivalent.

Beispiel 2.5: Das folgende System ist blockfrei, jedoch nicht lokal adäquat:

```
BlockfreiNichtAdäquat: program
    e, f, g: event;
    p: process *[e / f;g]* end;
    q: path *[g;f]* end;
end
```

Der Prozeß läuft für immer, das Ereignis f kann jedoch nie stattfinden. ∎

Die bislang definierten lokalen Lebendigkeitseigenschaften beziehen alle Prozesse ein. Die letzte und schwächste Lebendigkeitseigenschaft haben wir bereits in Abschnitt 1.5 kennengelernt. Sie verlangt, daß wenigstens ein Prozeß des Systems aktiv bleibt.

Definition 2.6: Ein paralleles System $S = <PO,Q>$ heißt *verklemmungsfrei*, wenn

$$\forall \, v \in B(S), \; po \in PO, \; v_{po} \, e \in B(po) \; \exists \, vw \in B(S): w \neq \epsilon \,. \qquad (2.11)$$

Beispiel 2.6: Das folgende System ist verklemmungs-, jedoch nicht blockfrei:

VerklemmungsfreiNichtBlockfrei: **program**
  e, f, g: **event**;
  p1: **process** *[e]* **end**;
  p2: **process** *[f;g]* **end**;
  q: **path** *[g;f]* **end**;
end

Der Prozess p_1 und damit das Gesamtsystem bleiben für immer aktiv; p_2 ist aber von Anfang an blockiert. ∎

Aus den Beispielen wird ersichtlich, daß wir in den Prozessen nichtdeterministische Auswahl zwischen Alternativen benötigen, um die strikten Inklusionen

$$permissiv \supset adäquat \supset blockfrei$$

zu etablieren. Wir betrachten nun den Spezialfall deterministischer Prozesse.

Definition 2.7: Ein Prozeßobjekt $po = <EN,B>$ heißt *deterministisch*, wenn $B = \mathrm{pref}(x^*)$ oder $B = \mathrm{pref}(x)$ für ein $x \in E^*$ gilt. Ein paralleles System heißt deterministisch, wenn alle seine Prozeßobjekte deterministisch sind.

In deterministischen Systemen sind die meisten der in Abbildung 2.1 gezeigten Inklusionen nicht mehr strikt, wie der folgende Satz zeigt:

Satz 2.1: Ein deterministisches blockfreies paralleles System ist global permissiv.

Beweis: Sei $v \in B(S)$, $vt \in B(\Pi(PO))$. Wir haben dann ein $vw \in B(S)$ mit der Eigenschaft: $t_{po} \neq \epsilon \supset w_{po} \neq \epsilon$. Da alle Prozesse deterministisch sind, muß w_{po} mit t_{po} beginnen; also gilt $t_{po} \leq w_{po}$. ∎

Korollar: Dies zeigt, daß für deterministische Systeme die Eigenschaften

- blockfrei
- lokal adäquat
- global adäquat
- lokal permissiv
- global permissiv
- lokal frei

äquivalent sind.

Man beachte jedoch, daß das System in Beispiel 2.2 deterministisch und global permissiv, aber nicht global frei ist.

Wir fassen nun die Ergebnisse dieses Abschnitts in einem Satz zusammen.

Satz 2.2: Für parallele Systeme gelten die in Abbildung 2.1 gezeigten Inklusionsbeziehungen. Für nichtdeterministische parallele Systeme sind diese Beziehungen strikt.

Beweis: Die Striktheit haben wir bereits durch Gegenbeispiele belegt. Den restlichen Beweis teilen wir in sieben Einzelbeweise auf.

1. *,,offen* $\supset$ *global frei"*

In (2.3) braucht man lediglich $w = t$ zu wählen.

2. *,,global frei* $\supset$ *lokal frei"*

   ,,global permissiv $\supset$ *lokal permissiv"*

   ,,global adäquat $\supset$ *lokal adäquat"*

   ,,global blockfrei $\supset$ *lokal blockfrei"*

Sei t beliebig mit $t_{po} = e$. Ein entsprechendes w mit $vw \in B(S)$ existiert aufgrund der zugehörigen globalen Eigenschaft.

3. „*global frei* $\supset$ *global permissiv* $\supset$ *global adäquat*"

   „*lokal frei* $\supset$ *lokal permissiv* $\supset$ *lokal adäquat*"

Diese Aussagen gelten wegen $x = y \supset x \leq y \supset x \subset y$.

4. „*lokal blockfrei* $\supset$ *verklemmungsfrei*"

Dies gilt wegen $w_{po} \neq \epsilon \supset w \neq \epsilon$.

5. „*global adäquat* $\supset$ *global blockfrei*"

   [„*lokal adäquat* $\supset$ *lokal blockfrei*"]

Dies gilt weil $x \subset y, x \neq \epsilon \supset y \neq \epsilon$.

6. „*lokal blockfrei* $\supset$ *global blockfrei*"

Sei $v \in B(S)$, $vt \in B(\Pi(PO))$, und sei $PO = \{po_1, \ldots, po_n\}$. Wir konstruieren induktiv eine Folge $w_0, \ldots, w_n$ so daß $vw_i \in B(S)$ und $t_{po} \neq \epsilon \supset w_i(po) \neq \epsilon$ für alle $po \in \{po_1, \ldots, po_i\}$ gilt ($w_i(po)$ bezeichnet die Projektion von w_i auf po). Als Induktionsanfang wählen wir trivialerweise $w_0 = \epsilon$. Sei nun $1 \leq i \leq n$, $po = po_i$. Gilt $t_{po} \neq \epsilon$ oder bereits $w_{i-1}(po) \neq \epsilon$, so setzen wir $w_i = w_{i-1}$. Anderenfalls haben wir wegen $vw_{i-1} \in B(S)$, $vw_{i-1}t(po) \in B(po)$ und der lokalen Blockfreiheit ein w' mit $vw_{i-1}w' \in B(S)$ und $w'_{po} \neq \epsilon$. Mit $w_i = w_{i-1}w'$ ist der Induktionsschritt fertig.

7. „*lokal permissiv* $\supset$ *lokal frei*"

Sei $v \in B$, $v_{po}e \in B(po)$. Wir haben dann ein w mit $vw \in B(S)$ und $e \leq w_{po}$. w kann in der Form $w'w''$ mit $w'_{po} = e$ geschrieben werden, und natürlich gilt auch $vw' \in B(S)$.

Dies beschließt den Beweis von Satz 2.2. ∎

Die bisher beschriebenen Lebendigkeitseigenschaften sind über jedes mögliche Verhalten $v \in B(S)$ eines parallelen Systems S quantifiziert. In der Regel ist $B(S)$ eine unendliche Menge, die man durch die Operationen Inverser Homomorphismus (Rückprojektion) und Durchschnittsbildung aus dem Verhalten der Prozesse und Pfade gewinnt (vgl. den Beweis zu Satz 1.1). Bis auf die Abstrakte Familie (AFL) der regulären Sprachen sind die meisten Sprachfamilien bezüglich der Durchschnittsbildung leider nicht abgeschlossen; die Durchschnittsbildung führt z.B. bei kontextfreien Sprachen sofort zu den rekursiv aufzählbaren Sprachen [Ginsburgh].

Der folgende Satz ist daher von erheblicher Bedeutung; er begründet die praktische Brauchbarkeit der eingeführten Lebendigkeitsbegriffe:

Satz 2.3: Für reguläre parallele Systeme sind alle in diesem Abschnitt aufgeführten Lebendigkeitseigenschaften entscheidbar.

Beweis: Gemäß Satz 1.1 ist das Verhalten eines regulären Systems eine reguläre Menge, zu der ein endlicher Automat konstruiert werden kann. Die Lebendigkeitseigenschaften lassen sich sämtlich als Eigenschaften dieses Automaten formulieren. ■

Im nächsten Abschnitt beschreiten wir den umgekehrten Weg; wir definieren Verhungerungsfreiheit als Eigenschaft eines endlichen Automaten.

In Abschnitt 1.2 haben wir bereits darauf hingewiesen, daß das durch ein paralleles System repräsentierte Verhalten i.a. eine Obermenge des tatsächlich implementierten, datenabhängigen Verhaltens ist. Wenn wir hier von Lebendigkeitseigenschaften wie z.B. der der Verklemmungsfreiheit sprechen, so bedeutet dies, daß eine Implementierung eines verklemmungsfreien Systems unter keinen Umständen verklemmen kann. Umgekehrt kann die Implementierung zumindest eines nichtdeterministischen, nicht verklemmungsfreien Systems natürlich verklemmungsfrei sein. Diese Einseitigkeit der Aussagen ist der Preis, den man für die Regularität und damit die Entscheidbarkeit bezahlen muß. In Kapitel 6 gehen wir hierauf genauer ein.

2.2 Gerechtigkeit und Verhungerungsfreiheit

Die Prozesse eines parallelen Systems laufen, abgesehen von den Synchronisationsbedingungen, mit beliebigen relativen Geschwindigkeiten ab. Besitzt nicht jeder Prozeß einen eigenen realen Prozessor, so benötigt man eine *Ablaufsteuerung*, die den Prozessen reale Prozessoren zuordnet. Diese Zuordnung kann nach verschiedenen Strategien getroffen werden. Im konzeptuell einfachsten Fall ordnet man die Prozesse in einer Warteschlange an und teilt die Prozessoren zeitscheibenweise nacheinander zu. In der Praxis ist die Prozessorzuordnung erheblich komplizierter; z.B. müssen auch Prioritäten berücksichtigt werden, und auf das Eintreten von Synchronisationsbedingungen wartende Prozesse werden vom Wettbewerb um die Prozessoren ausgeschlossen.

Die Semantik, die wir unserer Spezifikationssprache gegeben haben, abstrahiert von der Prozessorzuordnung; sie geht auch *nicht* davon aus, daß diese *gerecht* in folgendem Sinne ist:

> *Ein rechenbereiter Prozeß wird bei der Prozessorzuordnung nur beschränkt oft übergangen.*

Aus abstrakter Sicht darf also ein Prozeß relativ zu anderen unendlich langsam ablaufen. Für Implementierungen wie z.B. die des zeitlichen Ausschlusses durch aktives Warten gilt das natürlich nicht; dort muß die Semantik der Programmiersprache für Gerechtigkeit bei der Prozessorzuordnung sorgen.

Die Spezifikationssprache beinhaltet einen abstrakteren, auf die Ablaufsteuerung bezogenen Gerechtigkeitsbegriff, den wir am Beispiel des in Abschnitt 7.1 spezifizierten symmetrischen Ausschlußproblems erläutern wollen. Ihre Semantik verlangt, daß ein Prozeß, der auf den Eintritt in den kritischen Abschnitt wartet, nicht unbeschränkt oft von anderen, später ankommenden Prozessen überholt wird. Allgemein muß also die Implementierung der Synchronisation durch die Ablaufsteuerung *gerecht* sein:

Wartet ein Prozeß auf das Eintreten einer Synchronisationsbedingung, und tritt diese unbeschränkt oft ein, so wird der Prozeß nicht unbeschränkt oft übergangen.

Gerechte Ablaufsteuerung in dem beschriebenen Sinne läßt sich, wie man am symmetrischen Ausschlußproblem in Abschnitt 5.1 sehen kann, sogar in verteilten Systemen nicht allzu schwer realisieren. Die in Abschnitt 7.1 formulierten, asymmetrischen Leser-Schreiber-Probleme [Courtois] und das Philosophenproblem [Dijkstra71] zeigen jedoch, daß auch bei gerechter Ablaufsteuerung Prozesse verhungern können, weil sie von anderen, die sich — nicht notwendig böswillig — „verabreden", übervorteilt werden. Ein triviales Beispiel ist das folgende:

```
Verhungern: program
   e, f, g: event;
   p1: process *[e / f]* end;
   p2: process *[g]* end;
   q: path *[f;g]* end;
end
```

Der Prozeß p_1 wählt nichtdeterministisch zwischen den beiden Ereignissen e und f; p_2 ist jedoch darauf angewiesen, daß p_1 wenigstens von Zeit zu Zeit f wählt. Eine Ablaufsteuerung, die die interne Struktur der Prozesse und Pfade nicht kennt, kann diese Benachteiligung von p_2 nicht verhindern, auch dann nicht, wenn sie in dem oben beschriebenen Sinne gerecht ist.

Natürlich ist es wünschenswert, Effekte dieser Art schon durch die Spezifikation auszuschließen, wie wir das bei den Leser-Schreiber-Problemen und beim Philosophenproblem zeigen werden. Vorher müssen wir jedoch den Begriff *Verhungern* genauer festlegen.

Verhungern wird oft als (*dynamische*) Eigenschaft der Prozesse selbst, nicht als (*statische*) Eigenschaft der zugehörigen Prozeßobjekte definiert [Nivat80]. Man könnte auch von *potentiellem* vs. *aktuellem* Verhungern sprechen;

aktuelles Verhungern bezieht dabei eine spezifische Strategie zur Ablaufsteuerung mit ein. Wir sehen dies als Nachteil: Die Lebendigkeitseigenschaften eines parallelen Systems sollten unter möglichst schwachen Voraussetzungen über die Ablaufsteuerung nachweisbar sein. In programmiertechnischen Termen ausgedrückt ist dies die Forderung nach Schnittstellenminimalität eines Ablaufsteuerungsmoduls.

Mit der Forderung nach bestmöglicher Trennung von Funktion und Steuerung stehen wir nicht allein; sie wird analog im Betriebssystem- und Datenbankbereich [Wulf, Robinson] und im Bereich des logischen Programmierens aufgestellt [Kowalski].

Im folgenden leiten wir einen statischen Begriff Verhungern her. Wir definieren zu diesem Zweck zunächst, was wir unter den Zuständen eines parallelen Systems verstehen, und zwar so, daß wir bei regulären Mengen gerade die Zustände eines zugehörigen minimierten endlichen Automaten erhalten.

Sei B das Verhalten eines beliebigen, von jetzt an festen parallelen Systems $S = <PO,Q>$, PEN die Menge der zugehörigen parallelen Ereignisnamen. Jedem $u \in PEN^*$ ordnen wir die Menge

$$[u] = \{v \in PEN^* \mid \forall w \in PEN^*: uw \in B \iff vw \in B\}$$

zu; jedes solche $[u]$ nennen wir einen *Zustand* des Systems. Für Zustände $[u]$ und Ereignisfolgen $v \in PEN^*$ definieren wir den $v-Nachfolger$ von $[u]$ als den Zustand $[u]v = [uv]$. Letztere Relation schreiben wir auch in der Form $[u] \to_v [uv]$. (Die Nachfolgerrelation $\to$ darf nicht mit der Ordnungsrelation $\to$ des Systemprozesses $<PEN,B(S)>$ verwechselt werden: $\to$ ist nur bei endlichen Prozessen zu dieser isomorph!)

Die Elemente der Menge $Z = \{[u] \mid u \in B\}$ nennen wir die *erreichbaren Zustände* von S. Eine nichtleere Menge $C \subset Z$ erreichbarer Zustände heißt eine *Komponente* von S, wenn

$$\forall z,z' \in C \ \exists v \in PEN^+: z \to_v z'$$

gilt.

Beispiel 2.7: Das eingangs angegebene System *Verhungern* hat nur zwei erreichbare Zustände, nämlich $[\epsilon]$ und $[f]$. Es gilt darin $[\epsilon]e = \epsilon$ oder äquivalent $[\epsilon] \rightarrow_e [\epsilon]$, $[f] \rightarrow_e [f]$, $[\epsilon] \rightarrow_f [f]$, $[f] \rightarrow_g [\epsilon]$ sowie $[f] \rightarrow_e \ =\!=\ _g [\epsilon]$. Sowohl $\{[\epsilon]\}$ als auch $\{[f]\}$ und $\{[\epsilon], [f]\}$ sind Komponenten des Systems. ∎

Komponenten haben folgende Bedeutung: Sie existieren nur, wenn das System unendlich ist. Dann charakterisieren sie alle jene Zustandsmengen, in denen das System sich nach einer Initialisierungsphase ad infinitum aufhalten kann. Bei gerechter Ablaufsteuerung ist das nicht mit allen Komponenten möglich. Um dies zu sehen, betrachten wir zu einer Komponente C die Menge

$$\text{AKT}(C) = \{po \in PO \mid \exists\, z, z' \in C, t \in PEN\colon z \rightarrow_t z' \wedge t_{po} \neq \epsilon\}$$

derjenigen Prozesse, die innerhalb von C *aktiv* werden, und die Menge

$$\text{BER}(C) = \{po \in PO \mid \exists\, z \in C, z' \in Z, t \in PEN\colon z \rightarrow_t z' \wedge t_{po} \neq \epsilon\}$$

der Prozesse, die in C bereit sind, also aktiviert werden könnten. Natürlich gilt $\text{AKT}(C) \subset \text{BER}(C)$; herrscht Gleichheit, so nennen wir die Komponente C *gerecht*. Der Grund für diese Bezeichnung ist einleuchtend: Eine gerechte Ablaufsteuerung muß in einer ungerechten Komponente irgendwann einen Prozeß *po* aus $\text{BER}(C)\backslash ACT(C)$ aktivieren, kann sich also unendlich lange nur in gerechten Komponenten aufhalten.

Trotz aller Gerechtigkeit können Prozesse dann verhungern, wenn das System eine gerechte Komponente C mit $ACT(C) \neq PO$ besitzt. Verhungerungsfreiheit ist deshalb wie folgt definiert:

Definition 2.8: Ein paralleles System $S = <PO, Q>$ heißt *verhungerungsfrei*, wenn für alle gerechten Komponenten C

$$ACT(C) = PO \tag{2.12}$$

gilt.

Beispiel 2.8: Das oben angegebene System *Verhungern* ist nicht verhungerungsfrei: Die Komponente $C = [\epsilon]$ ist zwar wegen $ACT(C) = \{p_1\} = \text{BER}(C)$ gerecht, enthält aber nicht alle Prozesse. ∎

Der Ansatz läßt sich leicht auf Systeme erweitern, in denen die Menge PO der Prozeßobjekte gemäß einer Prioritätenrelation $< \subseteq PO \times PO$ halbgeordnet ist. In diesem Fall sind Ungerechtigkeit und Verhungern in dem durch die Priorität festgelegten Umfang ja beabsichtigter Teil der Spezifikation. Zunächst betrachten wir die Menge

$$\text{BER}_<(C) = \max \text{BER}(C)$$

der bezüglich $<$ maximalen, in einer Komponente C bereiten Prozesse. Wir nennen eine Komponente *gerecht bzgl.* $<$ bereits dann, wenn $\text{BER}_<(C) \subseteq \text{AKT}(C)$ gilt. Die einem bereiten Prozeß untergeordneten Prozesse dürfen also bei der Aktivierung unberücksichtigt bleiben. *Verhungerungsfreiheit bzgl.* $<$ besagt nun, daß in gerechten Komponenten alle Prozesse aktiviert werden müssen, ausgenommen diejenigen, die einem in ihr aktiven Prozeß untergeordnet sind.

Definition 2.9: Ein paralleles System $S = <PO, Q>$ mit einer Prioritätsrelation $< \subseteq PO \times PO$ heißt *verhungerungsfrei bzgl.* $<$, wenn für alle bzgl. $<$ gerechten Komponenten

$$\text{AKT}(C) = PO \setminus \{po \mid \exists\, po' \in \text{AKT}(C): po < po'\}$$

gilt.

Analog zu Satz 2.3 gehört auch die Verhungerungsfreiheit zu den Lebendigkeitseigenschaften, die für reguläre parallele Systeme entscheidbar sind, allerdings nur mit immensem Aufwand.

Wir haben bereits in Abschnitt 2.1 darauf hingewiesen, daß das abstrakte, reguläre Systemverhalten nicht notwendig mit dem implementierten Verhalten übereinstimmt. Eine „kluge" Ablaufsteuerung kann Verhungern zu vermeiden versuchen, indem sie sich zusätzliche Information über die interne Struktur und den künftigen Ablauf der Prozesse beschafft und sie mit deren Hilfe „gerechter" als in dem o.a. Sinne behandelt. Wenn ein System verhungerungsfrei gemäß Definition 2.8 bzw. Definition 2.9 ist, so bedeutet dies, daß selbst bei einfachster Ablaufsteuerung kein Prozeßobjekt verhungern kann.

2.3 Lebendigkeitseigenschaften von Petri-Netzen

Die Theorie der Petri-Netze entstand aus dem Versuch, temporale und kausale Beziehungen zwischen Ereignissen durch ein formal-mathematisches und dennoch sehr anschauliches Modell zu erfassen, das sowohl graphentheoretisch als auch algebraisch untersucht werden kann. Ein Überblick über die zugehörigen Methoden findet sich in [Brauer]. In diesem Abschnitt betrachten wir Lebendigkeitseigenschaften von Petri-Netzen und stellen sie den in Abschnitt 2.1 eingeführten Eigenschaften gegenüber. Außerdem zeigen wir, daß zu jedem Petri-Netz ein in gewissem Sinn *verhaltensgleiches* paralleles System existiert, das bei *sicheren* Petri-Netzen sogar regulär ist. Als wichtiger Unterschied zwischen Petri-Netzen und parallelen Systemen stellen sich Rendez-Vous heraus: Da man in Petri-Netzen das gleichzeitige Feuern mehrerer verschiedener Transitionen nicht unmittelbar beschreiben kann, gilt die Umkehrung nicht. Zu regulären parallelen Systemen *ohne* Rendez-Vous existiert jedoch ein verhaltensgleiches sicheres Petri-Netz.

Ein Petri-Netz besteht aus *Stellen*, die als passive Behälter für *Marken* fungieren, und aus aktiven *Transitionen*, die die Marken von Stelle zu Stelle bewegen. In der kausalen Interpretation repräsentieren die Stellen Bedingungen, Marken die Gültigkeit der Bedingungen, und Transitionen Ereignisse, die durch gültige Bedingungen verursacht werden und neue Bedingungen herbeiführen.

47

Definition 2.10: Ein *Petri-Netz* $N=<S,T,\rightarrow>$ besteht aus einer endlichen, nichtleeren Menge S von *Stellen*, einer endlichen, nichtleeren Menge T von *Transitionen* mit $S\cap T=\emptyset$ und einer Relation $\rightarrow\ \subseteq S\times T\cup T\times S$ zwischen Stellen und Transitionen.

Für eine Stelle $s\in S$ sind ${}^{\bullet}s=\{t\in T\,|\,t\rightarrow s\}$ die *Eingangs-* und $s^{\bullet}=\{t\in T\,|\,s\rightarrow t\}$ die *Ausgangstransitionen*. Analog sind für eine Transition $t\in T$ ${}^{\bullet}t=\{s\in S\,|\,s\rightarrow t\}$ die *Eingangs-* und $t^{\bullet}=\{s\in S\,|\,t\rightarrow s\}$ die *Ausgangsstellen*.

Definition 2.11: Eine *Markierung* eines Petri-Netzes $N=<S,T,\rightarrow>$ ist eine Abbildung $M:S\rightarrow\mathbf{N}^{0}$.

Markierte Petri-Netze „arbeiten" entsprechend einer sogenannten *Feuerungsregel*.

Definition 2.12: Eine Markierung M kann durch *Feuern* einer Transition t in eine Markierung M' überführt werden, in Zeichen $M\rightarrow_{t}M'$. Dabei wird von jeder Eingangsstelle $s\in{}^{\bullet}t$ eine Marke weggenommen, und jeder Ausgangsstelle $s\in t^{\bullet}$ wird eine Marke hinzugefügt. Es gilt also $M\rightarrow_{t}M'$, wenn

$$M'(s)=\begin{cases}M(s)-1 & falls\ s\in{}^{\bullet}t\setminus t^{\bullet}\\ M(s)+1 & falls\ s\in t^{\bullet}\setminus{}^{\bullet}t\\ M(s) & sonst\end{cases}$$

Wie üblich bedeutet $M\rightarrow M'$, daß es eine Transition t mit $M\rightarrow_{t}M'$ gibt. $\rightarrow^{+}$ bezeichnet den transitiven, $\rightarrow^{*}$ den reflexiven und transitiven Abschluß von $\rightarrow$. Die Elemente der Menge $[M]=\{M'\,|\,M\rightarrow^{*}M'\}$ nennt man die *Nachfolgemarkierungen* von M.

Beispiel 2.9: Abbildung 2.2 zeigt ein markiertes Petri-Netz mit einer zugehörigen Markierungsfolge. Markierungen werden durch Spaltenvektoren repräsentiert. Da die Anzahl der Marken auf den Stellen unbeschränkt wachsen kann, gibt es unendlich viele Markierungen. ∎

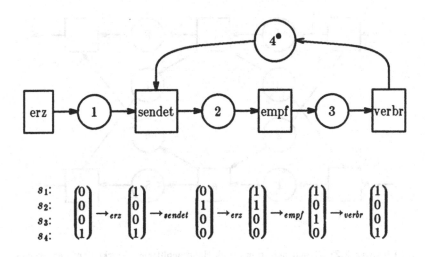

Abbildung 2.2: Ein markiertes Petri-Netz und eine zugehörige Markierungsfolge

Die grundlegenden Synchronisationsmuster *Zeitlicher Ausschluß* und *Zeitliche Abfolge* können mit Petri-Netzen sehr einfach modelliert werden. Gleichzeitiges Feuern mehrerer Transitionen kann man jedoch nicht erzwingen. Man kann es höchstens — wie in Abbildung 2.3 angedeutet — durch „Händeschütteln" simulieren. Natürlich kann man die zu synchronisierenden Transitionen auch durch eine einzige Transition ersetzen; damit kann man aber auch nicht so ohne weiteres Beziehungen der Form $a / (a == b)$ darstellen, die a allein oder gleichzeitig mit b, b jedoch nur gleichzeitig mit a zulassen.

In der Theorie der Petri-Netze gibt es mehrere Prozeßbegriffe, von denen wir nur die drei wichtigsten nennen. Zunächst kann man jeder Transition einen Prozeß zuordnen; man erhält so sehr viele Prozesse, die ständig auf das Eintreffen von Marken warten und um diese konkurrieren. Stattdessen kann man auch die Marken als Prozesse auffassen, die auf den Stellen auf das Feuern der adjazenten Transitionen warten. Dieser Prozeßbegriff ist stärker strukturiert;

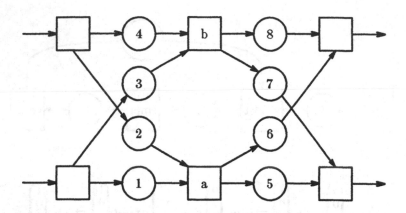

Abbildung 2.3: Synchronisation durch Händeschütteln. Marken auf den Stellen 1 und 3 bzw. 2 und 4 zeigen Bereitschaft zum Rendez-Vous an. Erst wenn beide bereit sind, kann das Rendez-Vous durch „quasi-gleichzeitiges" Feuern der Transitionen a und b stattfinden. Erst danach können die Ausgangstransitionen feuern. Quasi-gleichzeitig bedeutet, daß von außen, vom Rest des Netzes aus, nicht beobachtbar ist, ob eine der Transitionen a, b vor der anderen feuert.

auch ist so das dynamische Erzeugen und Tilgen von Prozessen beschreibbar. Schließlich kann man auch gewisse Teilnetze als Prozesse auffassen [Petri].

In allen drei Fällen ist der Ereignisbegriff mit dem Feuern von Transitionen verknüpft. Man definiert deshalb die Lebendigkeit markierter Petri-Netze in Termen des transitionsbezogenen Prozeßbegriffs. Vor allem folgende Frage ist von Interesse:

Ist eine bestimmte Transition unter der aktuellen Markierung lebendig, d.h. gibt es eine Nachfolgemarkierung, bei der sie feuern kann?

Allgemein fragt man danach, ob eine Markierung M Nachfolgemarkierungen $M' \in [M]$ mit bestimmten Eigenschaften besitzt.

Definition 2.13 [Lautenbach]: Sei $N = \langle S, T, \to \rangle$ ein Petri-Netz, M eine Markierung und t eine Transition. Dann heißt t *lebendig in M*, wenn es eine Nachfolgemarkierung $M' \in [M]$ gibt, in der t feuern kann, und M heißt

— *reproduzierbar*, wenn $M \to^+ M$ gilt.

— *lebendig*, wenn eine Transition in M feuern kann.

— *1-lebendig*, wenn alle Folgemarkierungen von M lebendig sind.

— *2-lebendig*, wenn alle Transitionen in M lebendig sind.

— *3-lebendig*, wenn alle Folgemarkierungen von M reproduzierbar sind.

— *4-lebendig*, wenn eine Folgemarkierung von M reproduzierbar ist.

— *5-lebendig*, wenn alle Transitionen in allen Folgemarkierungen von M lebendig sind.

Zwischen diesen Lebendigkeitseigenschaften bestehen die in Abbildung 2.4 gezeigten Inklusionsbeziehungen. Der Charakterisierung aller von einer Markierung aus erreichbaren Markierungen kommt also eine besondere Bedeutung zu.

Wie wir in Beispiel 2.9 gesehen haben, kann eine Markierung unendlich viele Nachfolgemarkierungen haben. Dies ist genau dann der Fall, wenn die Anzahl der Marken auf wenigstens einer Stelle unbeschränkt wachsen kann. Markierungen, bei denen dies ausgeschlossen ist (und natürlich auch alle ihre Folgemarkierungen), spielen eine wichtige Rolle.

Definition 2.14: Eine Markierung M eines Petri-Netzes $N = \langle S, T, \to \rangle$ heißt *sicher*, wenn gilt:

$$\exists k \in \mathbb{N} \ \forall M' \in [M], s \in S : M'(s) \leq k$$

Das Netz selbst heißt *sicher*, wenn alle möglichen Markierungen sicher sind.

Beide Fragestellungen — Lebendigkeit und Sicherheit — kann man auch in Termen der durch eine Inzidenzmatrix repräsentierten Netztopologie allein, also ohne Bezugnahme auf Eigenschaften einer (Anfangs-) Markierung,

5-lebendig

$\forall\, t, M' \in [M]\ \exists\, M'' \in [M'] {:} \mathbf{akt}(M'', t)$ $\rightarrow$

2-lebendig

$\forall\, t\ \exists\, M' \in [M] {:} \mathbf{akt}(t, M')$

$\downarrow$ $\downarrow$

1-lebendig

$\forall\, M' \in [M]\ \exists\, t {:} \mathbf{akt}(M', t)$ $\rightarrow$

lebendig

$\exists\, t {:} \mathbf{akt}(M, t)$

$\uparrow$ $\uparrow$

3-lebendig

$\forall\, M' \in [M] {:} \mathbf{repr}(M')$ $\rightarrow$

4-lebendig

$\exists\, M' \in [M] {:} \mathbf{repr}(M')$

Abbildung 2.4: Beziehungen zwischen Lebendigkeitseigenschaften von Petri-Netzen. **akt**(M,t) bedeutet, daß die Transition t bei der Markierung M feuern kann, **repr**(M), daß M reproduzierbar ist.

untersuchen [Lautenbach].

Wir zeigen nun, daß ein enger Zusammenhang zwischen Petri-Netzen und parallelen Systemen besteht: Zu jedem markierten Petri-Netz existiert ein — im sicheren Falle reguläres — verhaltensgleiches paralleles System. Die Umkehrung ist nur für parallele Systeme möglich, die keine Rendez-Vous enthalten. Parallele Systeme sind diesbezüglich etwas mächtiger als Petri-Netze.

Zunächst verallgemeinern wir die Übergangsrelation $\rightarrow_t$ zwischen Markierungen zu parallelen Übergängen. Sei $\tau = \{t_1, \ldots, t_n\} \subset T$ eine nichtleere Menge von Transitionen, und gelte $\forall\, s \in S {:} M(s) \geq |s^\bullet \cap \tau|$ für eine Markierung M. Die Transitionen $t_i \in \tau$ können dann kollateral, also völlig unabhängig voneinander in beliebiger zeitlicher Verzahnung, insbesondere auch gleichzeitig feuern. Wir notieren den entsprechenden Übergang in der Form $M \rightarrow_\tau M'$.

Wir fassen nun jede Transition $t \in T$ als eigenständiges — sogar reguläres — Prozeßobjekt $po = <EN,B>$ mit nur einem Ereignisnamen $EN = \{t\}$ und dem Verhalten $B = *[t]*$ auf. Jeder nichtleeren Teilmenge $\tau \subset T$ von Transitionen ordnen wir bijektiv den parallelen Ereignisnamen $\dot\tau : T \to T \cup \{\epsilon\}$ mit

$$\dot\tau(t) = \begin{cases} t & \textit{falls } t \in \tau \\ \epsilon & \textit{sonst} \end{cases}$$

zu. Damit können wir, ausgehend von einer Anfangsmarkierung M^0 des Petri-Netzes, den Pfad $q = <PEN,B>$ mit

$$B(q) = \{u \in PEN^* \mid \exists M : M^0 \to_{\dot\tau^{-1}(u)} M\}$$

bilden; sein Verhalten entspricht gerade aus den mit M^0 beginnenden zulässigen Markierungsfolgen des Petri-Netzes. Insgesamt ist also $S = <T, \{q\}>$ ein dem mit M^0 markierten Petri-Netz verhaltensgleiches paralleles System; wir haben den

Satz 2.4: Zu jedem markierten Petri-Netz gibt es ein verhaltensgleiches paralleles System.

Ist die Anfangsmarkierung M^0 sicher, existieren also nur endlich viele von M^0 aus erreichbare Folgemarkierungen, so ist $B(q)$ eine reguläre Menge:

Korollar: Zu jedem sicher markierten Petri-Netz gibt es ein verhaltensgleiches, reguläres paralleles System.

Die Umkehrung dieser Aussagen ist nur für parallele Systeme ohne Rendez-Vous möglich (vgl. [Lauer78]). Das liegt daran, daß, wie wir gesehen haben, gleichzeitiges Feuern mehrerer verschiedener Transitionen in Petri-Netzen nicht erzwingbar ist:

Satz 2.5: Zu jedem regulären parallelen System ohne Rendez-Vous existiert ein verhaltensgleiches, sicher markiertes Petri-Netz.

Die transitionsbezogenen Lebendigkeitseigenschaften von Petri-Netzen und den zugehörigen parallelen Systemen entsprechen einander in naheliegender Weise. Ist N ein mit M markiertes Petri-Netz und S das entsprechende parallele System, so gilt:

$$M \ ist \ lebendig \quad \Longleftrightarrow \quad B(S) \neq \{\epsilon\}$$
$$M \ ist \ 1\text{-}lebendig \quad \Longleftrightarrow \quad S \ ist \ verklemmungsfrei$$
$$M \ ist \ 5\text{-}lebendig \quad \Longleftrightarrow \quad S \ ist \ lokal \ adäquat$$

Die auf Reproduzierbarkeit bezogenen Lebendigkeitsaussagen aus Definition 2.13 sind nicht in Termen des Systemverhaltens allein formulierbar; da sie von dessen konkreter Repräsentation als Petri-Netz Gebrauch machen, haben sie in unserer Theorie keine Entsprechungen.

Die Konstruktion in [Lauer78] ist definitorisch; sie dient dazu, die Semantik der Spezifikationssprache COSY auf die markierter Petri-Netze zurückzuführen. Wir haben formale (reguläre) Sprachen als semantisches Modell gewählt. Bis auf Rendez-Vous sind beide Ansätze also in etwa gleichwertig.

3. HIERARCHISCH MODULARISIERTE PARALLELE SYSTEME

3.0 Überblick

In diesem Kapitel studieren wir die hierarchische Konstruktion bzw. Zerlegung paralleler Systeme. Nach einführenden Beispielen zeigen wir, wie man vor allem Lebendigkeitseigenschaften hierarchisch modularisierter Systeme mittels eines Prinzips struktureller Induktion nachweisen und so die Komplexität von Lebendigkeits- und natürlich auch sonstigen Korrektheitsuntersuchungen substantiell verringern kann.

Aus dem Bereich der Konstruktion sequentieller Programme und aus dem Betriebssystembereich ist dieses Prinzip wohlbekannt; fast alle neueren Betriebssysteme haben eine modulare, hierarchische Struktur [Dijkstra68b, Brinch70, Liskov72, Habermann78, Ritchie, Wulf].

Die Schnittstelle eines Moduls eines parallelen Systems ist durch zwei wohlunterscheidbare Gesichtspunkte charakterisiert:

1. Ein Modul stellt Operationen zur Verfügung, die auf modul-eigenen oder globalen Daten operieren. Die Schnittstellenspezifikation beschreibt die Operationen und ihre Wirkung auf die Daten, z.B. durch die Signatur und die Axiome eines abstrakten Datentyps.

2. In parallelen Systemen können Operationen eines Moduls von mehreren Prozessen benutzt werden und deshalb im Prinzip in beliebiger zeitlicher Verzahnung ablaufen. Die Schnittstellenspezifikation beschreibt deshalb auch das Zeitverhalten des Moduls; sie legt Reihenfolge- und Ausschlußbedingungen fest, die bei der Benutzung der Operationen einzuhalten sind, oder die umgekehrt die Implementierung des Moduls garantieren muß.

In diesem Kapitel beschäftigen wir uns mit dem zweiten, verhaltensbezogenen Aspekt, den gängige Schnittstellenkonzepte in Programmiersprachen wie Ada oder Modula 2 nicht berücksichtigen. Dazu entwickeln wir einen *Schnittstellenbegriff*, der die für Lebendigkeitsüberlegungen relevante Abstraktion des Verhaltens eines Moduls — und nur diese — beschreibt. Eine wirksame Komplexitätsreduktion läßt sich nur erzielen, wenn man nicht nur extern irrelevante Details des Modulverhaltens verbirgt, sondern auch von modulinternem Parallelismus abstrahiert. In diesem Punkt unterscheidet sich unsere Auffassung wesentlich von der in [Lauer79]. Die dort eingeführten COSY-Moduln sind lediglich Kollektionen zusammengehöriger Operationen, Prozesse und Synchronisationsbedingungen; ihre Schnittstellen haben im Prinzip die gleiche Komplexität wie der Modul selbst.

Auch der Begriff *Hierarchie* bedarf der Präzisierung. Wir benötigen eine Anordnung der Systemmoduln, die nicht nur allgemeine Korrektheitsüberlegungen, sondern insbesondere den Beweis von Lebendigkeitseigenschaften unterstützt. Unter Hierarchie verstehen wir deshalb eine baum-, nicht schichtförmige *Benutzt-Hierarchie* in dem in [Parnas74, Röhrich82] erklärten Sinne; baumförmig, weil die Lebendigkeit eines Prozeßobjekts, das von mehr als einem anderen benutzt wird, i.a. nicht isoliert von diesen betrachtet werden kann.

Im folgenden erklären wir diese Begriffe zunächst an Beispielen. Dann definieren wir formal, was wir unter einem hierarchisch modularisierten parallelen System verstehen. Schließlich diskutieren wir Lebendigkeit in einem neuen Sinn: als Korrektheitseigenschaft solcher Systeme bezüglich ihrer Schnittstelle zur Außenwelt. Außerdem zeigen wir, daß diese Eigenschaft im regulären Fall mit vernünftigem Aufwand automatisch nachgewiesen werden kann (vgl. [Röhrich83]).

3.1 Beispiel: Ein Fernmeldenetz

In diesem Abschnitt studieren wir als Beispiel ein baumförmig strukturiertes paralleles System.

Wir betrachten einen Knoten eines Fernmeldenetzes, wie er schematisch in Abbildung 3.1 gezeigt ist. Eine Menge von Benutzern ist mit einer Vermittlungszentrale verbunden. Ein Benutzer kann selbst wieder ein Vermittlungsknoten sein, der lokale Verbindungen selbständig herstellt und nur bei Ferngesprächen mit der übergeordneten Vermittlung Kontakt aufnimmt. Jeder Benutzer verhält sich gemäß folgendem Protokoll:

```
Benutzer[1..n]: interface
  *[ hört_läuten; hebt_ab; sel spricht_mit[1..n]; legt_auf
   / sel j:1..n
     in ( hebt_ab; wählt[j];
         ( hört_besetzt
         / hört_rufton; spricht_mit[j]
         / ); { wird ungeduldig und . . . }
         legt_auf )
```

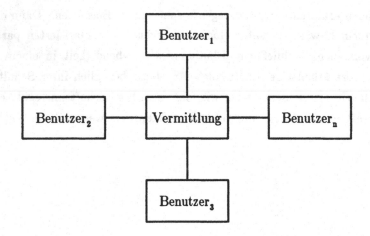

Abbildung 3.1: Eine Menge von Benutzern, die mit einer Vermittlungszentrale verbunden sind

```
    ]*
    end
```

Die Schnittstelle des Benutzerprozesses ist eine Abstraktion seines tatsächlichen Verhaltens. Interne Implementierungsdetails sind versteckt, ebenso Datenabhängigkeiten, Berechnungen, und deterministische Auswahl des Ablaufs.

Die Vermittlung verhält sich wie folgt:

```
Vermittlung: interface
  *[ sel i:1..n,j:1..n
    in ( wählt[i,j];
        ( ist_besetzt[j]; besetzt_ton[i]
        / läutet[j]; verbindet[i] ) )
  ]*
  end
```

Die vollständige Spezifikation des Netzknotens besteht aus den Schnittstellen der Benutzerprozesse und des Vermittlungsprozesses sowie aus folgenden, zusätzlichen Synchronisationsbedingungen, die die Implementierung des Systems in Termen der Teilsysteme *Benutzer*$_{1..n}$ und *Vermittlung* beschreiben:

```
Knoten(Benutzer[1..n],Vermittlung): implementation
  Verbindung[i:1..n,j:1..n]: path
    *[ Benutzer[i].spricht_mit[j] === Benutzer[j].spricht_mit[i] ]*
  end;
  Wählen[i:1..n,j:1..n]: path
    *[ Benutzer[i].wählt[j] === Vermittlung.wählt[i,j] ]*
  end;
  Rufton[i:1..n]: path
    *[ Vermittlung.verbindet[i] === Benutzer[i].hört_rufton ]*
  end;
  Besetztton[i:1..n]: path
    *[ Vermittlung.besetzt_ton[i] === Benutzer[i].hört_besetzt ]*
  end;
  Klingel[i:1..n]: path
    *[ Vermittlung.läutet[i] === Benutzer[i].hört_läuten ]*
  end;
  Hörer[i:1..n]: path
    *[ Benutzer[i].hebt_ab;
      *[ Vermittlung.ist_besetzt[i] ]*;
      Benutzer[i].legt_auf ]*
  end;
end
```

Diese Spezifikation enthält eine Verklemmung; das in Kapitel 6 beschriebene Verifikationssystem liefert als Ergebnis der Lebendigkeitsanalyse u.a. eine Beschreibung der Form:

```
DEADLOCK AFTER
  Benutzer[1].hebt_ab;
  Benutzer[1].wählt[2] === Vermittlung.wählt[1,2];
  Benutzer[1].legt_auf;
  Benutzer[1].hebt_ab;
  Benutzer[2].hebt_ab;
  Vermittlung.besetzt[2]
```

Der Fehler besteht darin, daß die Vermittlung darauf besteht, Ruf- bzw. Besetztzeichen zu senden, wenn der betreffende Teilnehmer den Hörer bereits wieder aufgelegt hat.

Ist diese Verklemmung in einer einzelnen Systemkomponente aber überhaupt von Bedeutung für das Gesamtsystem? Diese Frage können wir nur dann beantworten, wenn wir wissen, welche Schnittstelle das System nach außen hat, d.h. welches Systemverhalten überhaupt intendiert ist. Im nächsten Abschnitt gehen wir hierauf genauer ein.

Wie bereits gesagt ist die Anzahl der Zustände eines parallelen Systems im schlimmsten Fall exponentiell von der Anzahl der Prozesse und Pfade abhängig. Das angegebene System hat bei $n = 2$ Benutzern bereits 157 Zustände. Ohne Ausnutzung zusätzlicher struktureller Eigenschaften ist die Untersuchung realistisch großer Systeme auf Lebendigkeit also garnicht möglich.

3.2   Moduln und Schnittstellen

In diesem Abschnitt zeigen wir, wie man parallele Systeme so in Moduln zerlegen kann, daß die Komplexität von Lebendigkeits- und natürlich auch sonstigen Korrektheitsbeweisen substantiell verringert wird. Die angestrebte Struktur ist eine baumförmige Hierarchie, und wir zielen auf folgendes Beweisschema ab:

1.   Man beweise, daß alle Moduln an den Blättern des Baumes die geforderten Lebendigkeitseigenschaften besitzen.

2.   Man beweise, daß jede Bildung eines Moduls aus tieferliegenden Moduln diese Eigenschaften invariant läßt.

Das Prinzip, Lebendigkeitseigenschaften modulweise zu beweisen und die Korrektheit des Gesamtsystems induktiv zu folgern, ist vor allem während der Entwurfsphase wichtig. Große und komplexe Systeme werden ja nicht immer von oben nach unten ('top down') oder von unten nach oben ('bottom up') entworfen. In der Praxis beginnt der Entwurf oft in der Mitte ('middle out design'): Ausgehend von den Anforderungen und Kenntnissen über die zugrundeliegende Hardware werden Moduln in der Mitte der Hierarchie zuerst entworfen. In dieser Situation ist es sehr wesentlich, einen Modul allein auf der Grundlage seiner Aufwärts- und Abwärtsschnittstellen validieren und/oder verifizieren zu können.

Grundlegend hierfür ist eine strikte Trennung zwischen den Begriffen *Schnittstelle* und *Implementierung* eines parallelen (Teil-)Systems (vgl. Abbildung 3.2). Wir wollen zunächst diese Konzepte genauer studieren und dabei unsere Annahmen erklären.

Ein sequentielles Programm beschreibt eine (partielle) Funktion, die die Eingabe- auf die Ausgabedaten abbildet (vgl. Abbildung 3.3).

Bei parallelen Programmen geht die Eigenschaft der Funktionalität in der Regel auf Grund von Zeitabhängigkeiten und Zugriffen auf gemeinsame Variable in nicht festgelegter Reihenfolge verloren; es besteht nur noch eine Relation

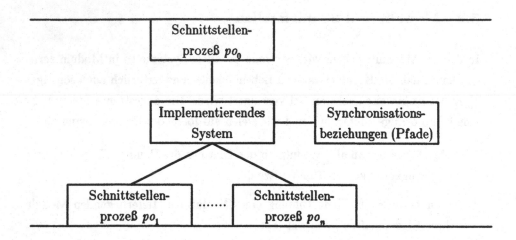

Abbildung 3.2: Schnittstellen eines Moduls eines parallelen Systems

```
program primzahl;
  var i: INTEGER;
  procedure suche(i,j: INTEGER);
  begin
    loop i:=i+j until prim(i);
    WRITE(i)
  end;
begin
  READ(i); suche(i,2)
end.
```

Abbildung 3.3: Ein sequentielles Program beschreibt eine (partielle) Funktion, die die Eingabe- auf die Ausgabedaten abbildet.

zwischen Ein- und Ausgabe. Das in Abbildung 3.4 gezeigte Programm beschreibt nur dann eine Funktion, wenn man Annahmen über die relative Geschwindigkeit der beiden darin enthaltenen Prozesse macht. Ohne solche Annahmen verhält es sich nichtdeterministisch. Nichtdeterministische Ablaufstrukturen findet man auch im sequentiellen Bereich; die 'guarded commands' von Dijkstra dienen z.B. dazu, Überspezifikationen zu vermeiden.

Die Schnittstelle eines sequentiellen Programms oder Programmmoduls ist also ausreichend durch die funktionale Spezifikation der Operationen beschrieben, die es zur Verfügung stellt. Die Reihenfolge, in der diese Operationen aufgerufen werden, ist von sekundärer Bedeutung.

Bei parallelen Systemen treten jedoch Abfolge- und Ausschlußbedingungen hinzu, die unbedingt eingehalten müssen, wenn das System korrekt arbeiten soll; die also ebenso wichtig wie die funktionalen Spezifikationen der sequentiellen Systemkomponenten sind. Die Schnittstelle eines Moduls eines parallelen Systems muß deshalb insbesondere auch das *Verhalten* des Moduls in der realen oder einer virtuellen Zeit präzise beschreiben. Andererseits sollte die Schnittstelle die interne Struktur des Moduls so weit wie möglich verstecken. Dies

```
program primzahl;
  var i,j: INTEGER; b: BOOLEAN;
  process suche(i,j: INTEGER);
  begin
    loop i:=i+j until prim(i) OR b;
    if TESTANDSET(b) then WRITE(i,j);
  end;
begin
  READ(i); b:=false;
  fork suche(i,2); fork suche(i,4);
end.
```

Abbildung 3.4: Ohne Angaben über die relativen Geschwindigkeiten der beteiligten Prozesse beschreibt ein paralleles Programm meist nur eine nicht funktionale Relation zwischen Ein- und Ausgabe.

schließt Datenabstraktion ebenso ein wie Abstraktion von etwaigem Parallelismus innerhalb des Moduls.

Wir beschreiben deshalb die Modulschnittstelle durch ein Prozeßobjekt $po = <E,B>$, das diejenige Abstraktion des Modulverhaltens darstellt, die für die Umgebung des Moduls — seine Benutzer — von Bedeutung ist. Wir bezeichnen dieses Prozeßobjekt als den *Schnittstellenprozeß* des Moduls.

Die Implementierung eines solchen Schnittstellenprozesses basiert allein auf den Schnittstellen anderer Moduln. In einem hierarchischen System liegen diese auf einer niedrigeren Hierarchieebene. Die Implementierung legt zusätzlich Synchronisationsbeziehungen zwischen den niedrigerliegenden Schnittstellenprozessen fest. Somit ist eine Implementierung nichts anderes als ein *paralleles System* $S=<PO,Q>$, wie wir es in Kapitel 1 kennengelernt haben.

Die Beziehung zwischen Schnittstelle po und Implementierung S wird durch einen Homomorphismus $h:PEN(S) \rightarrow EN(po)$ festgelegt, für den $h(t) \neq \epsilon$ dann und nur dann gilt, wenn das (parallele) Ereignis t für die Umgebung des Moduls bedeutsam ist. Anderenfalls wird t durch Anwendung von h „versteckt" (vgl. das 'hiding' in [Milner, Hehner]).

Das Fernmeldenetz aus dem vorangehenden Abschnitt hat z.B. die folgende Schnittstelle:

> Knoten: **interface**
> *[**sel** i:1..n,j:1..n **where** j $\neq$ i **in** verbunden[i,j]]*
> **end**

Dieser Schnittstellenprozeß drückt aus, daß das Netz endlos arbeitet und jeweils verschiedene Benutzer miteinander verbindet. Der Implementierungshomomorphismus läßt sich wie folgt beschreiben:

Knoten(Benutzer[1..n],Vermittlung): **implementation**
  export Benutzer[i:1..n].spricht_mit[j:1..n] **as** verbunden[i,j];
  { Pfade aus dem vorangehenden Abschnitt }
end

Durch die **export**-Klausel werden die Ereignisse *Benutzer[i].spricht_mit[j]* unter den Namen *verbunden[i,j]* ($1 \leq i, j \leq n$) in der Schnittstelle sichtbar gemacht.

Wann können wir eine Implementierung $S = <PO,Q>$ nun korrekt bezüglich einer Schnittstelle $po = <E,B>$ nennen? Zunächst muß jedes implementierte Verhalten von S nach außen als erlaubtes Verhalten von po erscheinen. Umgekehrt muß aber auch jedes geforderte Verhalten des Schnittstellenprozesses implementiert sein.

Definition 3.1: Eine Implementierung $S = <PO,Q>$ eines Schnittstellenprozesses $po = <E,B>$ heißt *korrekt*, wenn die folgenden Bedingungen erfüllt sind:

$$h(B(S)) \subset B(po) \tag{3.1}$$

$$\forall v \in B(S),\ h(v)y \in B(po)\ \exists vw \in B(S):\ h(w) = y \tag{3.2}$$

In unserem Beispiel gilt sogar $h(B(S)) = B(po)$. die Bedingung (3.2) ist jedoch verletzt, wie man aus Satz 3.1 im folgenden Abschnitt und der Tatsache, daß die Implementierung nicht verklemmungsfrei ist, schließen kann.

3.3 Lebendigkeit in hierarchischen parallelen Systemen

Wir haben eine hierarchische Struktur paralleler Systeme mit dem Ziel einge-führt, die Komplexität des Lebendigkeitsnachweises zu reduzieren. Grundlage hierfür ist der folgende Satz, der zeigt, daß die korrekte Komposition von Moduln lebendigkeitserhaltend ist.

Satz 3.1: Eine korrekte Implementierung eines lebendigen Schnittstellenpro-zesses ist lebendig.

Dies folgt trivial aus Definition 2.6 und (3.2). Daß der Satz sich nicht umkeh-ren läßt, ist leicht einzusehen. Hält der Schnittstellenprozeß an, so bedeutet dies nur, daß keine nach außen sichtbaren Ereignisse mehr stattfinden. Modulintern kann durchaus noch Aktivität vorhanden sein. Diese Situation ist treffend durch den Begriff 'infinite internal chattering' [Brookes83a] gekenn-zeichnet; die implementierenden Prozesse „verplaudern" sich, ohne weiter zur Problemlösung beizutragen.

Wie wir in Kapitel 6 zeigen, können in regulären Systemen die Bedingungen (3.1) und (3.2) automatisch überprüft werden. Wir wollen nun abschätzen, wie komplex der Beweis der Lebendigkeit des Gesamtsystems ist. Dazu setzen wir voraus, daß die Schnittstellenprozesse nicht zu umfangreich sind, und daß ihre Implementierungen nicht zuviele andere Moduln involvieren. Konkret verlan-gen wir:

Es gibt Zahlen z und k so, daß gilt:

1. Schnittstellenprozesse und Pfade haben höchstens z Zustände.

2. Implementierungen basieren auf mindestens 2 und höchstens k Pfaden und tieferliegenden Moduln.

3. Die Zahlen z und k hängen nicht von n, der Anzahl von Systemkompo-nenten auf unterster Hierarchieebene, ab.

Die zweite Bedingung drückt aus, daß die Hierarchie weder zu „flach" noch zu

„schmal" ist. Die dritte Forderung besagt, daß das Gesamtsystem aus *lose* gekoppelten Komponenten besteht. Diese Annahmen sind insgesamt vernünftig. Schnittstellen und Synchronisationsbedingungen sollten einfach sein, und die Zerlegung eines Moduls in zu viele Teile sollte durch Bildung einer zusätzlichen Hierarchieschicht vermieden werden.

Unter den genannten Voraussetzungen kann man die Korrektheit einer einzelnen Implementierung durch Untersuchung von z^k Zuständen nachweisen. Da das Gesamtsystem aus höchstens $2n-1$ Moduln, n Blättern und $n-1$ inneren Moduln, besteht, und da z^k unabhängig von n ist, kann die Lebendigkeit in $O(n)$ Schritten nachgewiesen werden. Wir haben damit den folgenden

Satz 3.2: Unter den angegebenen Voraussetzungen kann die Verklemmungsfreiheit eines parallelen Systems mit n Moduln in $O(n)$ Schritten nachgewiesen werden.

Neben der Verklemmungsfreiheit läßt die korrekte Implementierung eines Schnittstellenprozesses eine Reihe anderer Lebendigkeitseigenschaften invariant. Sie erlaubt es z.B., Fragen folgender Art (vgl. [Taylor80]) mit vernünftigem Aufwand zu beantworten:

1. Kann ein bestimmtes Ereignis oder Rendez-Vous überhaupt stattfinden.

2. Wird ein bestimmtes Ereignis oder Rendez-Vous mit Sicherheit stattfinden.

3. Kann ein bestimmter Prozeß blockiert werden? Wird er mit Sicherheit blockiert werden?

4. Können oder müssen bestimmte Operationen einander zeitlich überlappen?

Grundlage hierzu kann die Repräsentation der Moduln in Form endlicher Automaten sein; die Konstruktion werden wir in Kapitel 6 vorführen.

In der Literatur finden sich verschiedene Ansätze zur Konstruktion a priori lebendiger Systeme.

In [Lauer75, Lauer78] werden syntaktisch erkennbare Eigenschaften von Pfadprogrammen angegeben, die Lebendigkeit garantieren. Auch für Petri-Netze gibt es Kompositionsregeln zur Bildung a priori lebendiger Netze aus einfacheren [Keramidis80, Keramidis82, Yoely]. In beiden Fällen ist die Beschreibungsmächtigkeit stark eingeschränkt; strukturelle Eigenschaften allein erscheinen kaum ausreichend, um ,,interessante" lebendige Systeme zu konstruieren. Das folgende Zitat aus dem Abschlußbericht [Lauer78, S. 47] unterstützt diese Ansicht: ,,There are even sublanguages of the basic path notation that are *too powerful* in the following sense: one can write programs in any one of these languages such that it has remained impossible to specify structural criteria of absence of deadlock for these programs although numbers of able mathematicians have tried to do so for almost a decade".

Kalküle wie z.B. Pradikatenumformer [Hehner, Hoare78b, Lamsweerde] sind zwar mächtiger, verlagern die Komplexität aber in den Bereich des nicht entscheidbaren Prädikatenkalküls.

Wir gehen in dieser Arbeit einen Mittelweg: Im Kleinen weisen wir die Lebendigkeit jedes Moduls einzeln nach, ohne strukturelle Einschränkungen zu machen. Auch für jeden Kompositionsschritt führen wir einen eigenen Lebendigkeitsbeweis. Die Lebendigkeit im Großen, d.h. die Lebendigkeit des Gesamtsystems, folgern wir jedoch aus seiner Struktur.

Die Beschreibung des Verhaltens eines (verteilten) Systems durch einen einzigen Schnittstellenprozeß weist große Ähnlichkeit mit dem *Transaktionskonzept* auf. Nach außen verhält sich das System so, als werde eine Folge von Transaktionen nacheinander, ohne zeitliche Überlappung, ausgeführt. In der Implementierung laufen die Transaktionen natürlich verzahnt ab. Fehler und Kollisionen werden durch geeignetes Rücksetzen aufgefangen; nach außen sind sie nicht sichtbar.

4. ZEIT IN VERTEILTEN SYSTEMEN

4.0 Überblick

Will man mehrere Prozesse bezüglich ihres Verhaltens in Relation zu einander setzen, so benötigt man vor allem in verteilten Systemen einen geeigneten Zeitbegriff. In diesem Kapitel führen wir *virtuelle Zeit* als einen speziellen Prozeß ein und zeigen, daß die Eigenschaft der temporalen bzw. kausalen Konsistenz eines Systems gleichwertig zu Lebendigkeit im Sinne von Definition 1.10 ist. Dann erweitern wir das in [Lamport78] beschriebene Verfahren zur Konstruktion einer *verteilten Uhr* so, daß neben Nachrichten auch Rendez-Vous beschreibbar sind. Eine solche Uhr verwenden wir in Kapitel 5, um zu zeigen, wie man durch Pfade ausgedrückte Synchronisations- bzw. Kommunikationsstrukturen verteilt implementieren kann.

Prozesse sind zunächst völlig voneinander unabhängig, sie laufen mit beliebigen relativen Geschwindigkeiten ab. Eine derartige Festlegung ist vor allem in verteilten Systemen sinnvoll; physikalische Theorien wie das Heisenbergsche Unschärfeprinzip oder die spezielle Relativitätstheorie zeigen drastisch die Schwierigkeit auf, in solchen Systemen zu universellen Zeit- und Geschwindigkeitsbegriffen zu gelangen.

Aber auch in lokal konzentrierten Systemen ist es von Vorteil, von der realen Zeit zu abstrahieren, zumindest dann, wenn nicht jeder Prozeß dauernd real einen Prozessor besitzt.

Es ist also zweckmäßig, den Zeitbegriff so abstrakt wie möglich zu fassen. Die physische Zeit weist mit ihren kontinuierlichen, metrischen und relativen Eigenschaften sehr viel Struktur auf, die meist garnicht benötigt wird und dann höchstens zu verwirrender Überspezifikation führt.

4.1 Virtuelle Zeit

Die grundlegendste Eigenschaft der Zeit ist Irreversibilität, Ordnung, zeitliches Nacheinander. Da wir nur diskrete Prozesse betrachten, benötigen wir auch nur eine diskrete Zeit.

Definition 4.1: Eine *(virtuelle) Zeit* $t = <T, <>$ ist eine durch $<$ wohl-geordnete, aufzählbare Menge T von *Zeitpunkten*.

Formal ist Zeit also nichts anderes als ein Prozeß, der z.B. aus „Tick"-Ereignissen besteht, die zu den einzelnen Zeitpunkten stattfinden.

Schon dieser schwache Zeitbegriff bereitet in verteilten parallelen Systemen Schwierigkeiten; es ist schwierig, festzustellen, ob — und in Bezug auf welche Zeit — ein Ereignis vor einem anderen stattfindet oder nicht.

Beispiel 4.1: Herr A bittet in einer Buchhandlung in München darum, für ihn ein bestimmtes Buch in einem zentralen Buchlager in Frankfurt zu bestellen. Dann ruft er Herrn B in Hamburg an und empfiehlt ihm, das gleiche zu tun. Herr B bekommt das Buch; Herrn A's Bestellung wird zurückgewiesen, weil das Buch vergriffen sei. Wie ist das unter folgenden Voraussetzungen möglich: (1) Um Effekte unterschiedlicher Laufzeiten von Nachrichten zu eliminieren, wird jede Anfrage an das zentrale Buchlager bereits in der Buchhandlung mit einem Zeitstempel versehen. (2) Die Zentrale bearbeitet und bestätigt Bestellungen in der Reihenfolge dieser Zeitstempel, nicht in der Reihenfolge ihres Eingangs. ■

Beispiel 4.2: Man muß sich einmal klarmachen, daß Quarzoszillatoren einen Gangfehler von etwa 10^{-6} haben; das entspricht bei einer Quarzuhr einer Abweichung von *nur* 1 Minute pro Jahr, bei einem Digitalrechner aber bereits 10 Operationen pro Sekunde. ■

Die Beispiele zeigen das Grundproblem: In einem verteilten System, das per definitionem keine zentrale Uhr besitzt, ist es ausgesprochen schwierig, die Zeit als eine total geordnete Menge von Zeitpunkten zu betrachten und Ereignisse zeitlich zu ordnen. Natürlich kann man eine Ordnung auf physikalische Theorien über Zeit und Raum stützen und die einzelnen Systemkomponenten mit realen Uhren ausstatten, hat dann aber immer noch das Problem, daß reale Uhren aufgrund von Gangungenauigkeiten nur begrenzt genau Rückschlüsse auf die wahre, physische Zeit zulassen, und daß die Gangabweichungen mit der Zeit immer mehr zunehmen.

Wir lösen uns deshalb von der physischen Zeit und versuchen, die Relation „das Ereignis x findet zeitlich vor dem Ereignis y statt" unabhängig davon zu definieren.

4.2 Systeme kommunizierender Prozesse

Die Anomalie in Beispiel 4.1 ist darauf zurückzuführen, daß die Nachricht von
A in München an B in Hamburg — jeweils bezogen auf die lokale Münchener
bzw. Hamburger Zeit — ankommt, bevor sie abgeschickt wurde. Entdecken
und vermeiden lassen sich solche Inkonsistenzen nur, wenn man *alle* Nachrichten, *jegliche* Kommunikation zwischen den Prozessen in die Betrachtung einbe-
zieht, also keine systemexterne Kommunikation zuläßt.

Sei also P eine Menge sequentieller Prozesse, und sei $E = \bigcup_{p \in P} E(p)$ die
Menge aller Ereignisse in P. Wir betrachten zwei Kommunikationsarten in P.

Definition 4.2:   Eine   *Nachricht*   in P ist   ein   geordnetes   Paar
$m = <x,y> \in E \times E$.

Wir notieren Nachrichten in der Form $x \Rightarrow y$; x bezeichnet das Ereignis des
Absendens, y das Ereignis des Empfangs der Nachricht.

Definition 4.3:   Ein *Rendez-Vous* in P ist ebenfalls ein geordnetes Paar
$r = <x,y> \in E \times E$.

Im Gegensatz zu Nachrichten, die eine „Richtung" und eine gewisse „Laufzeit"
haben, bei denen also das Absendeereignis dem Empfangsereignis vorausgeht,
finden die beiden Ereignisse x und y eines Rendez-Vous gleichzeitig statt; wir
drücken dies durch die Schreibweise $x \Leftrightarrow y$ aus. Rendez-Vous lassen sich auf
Nachrichtenaustausch mit einem bestimmten Protokoll zurückführen. Der
Vorteil von Rendez-Vous gegenüber einfachem Nachrichtenaustausch ist, daß
sich die Anzahl der zu betrachtenden Systemzustände drastisch verringert; sie
hängt anderenfalls exponentiell von der Anzahl der Rendez-Vous ab.

Definition 4.4:   Ein   *System   kommunizierender   Prozesse*
$SK = <P, \Rightarrow, \Leftrightarrow>$ besteht aus einer Menge P sequentieller Prozesse und
zwei Relationen $\Rightarrow$ und $\Leftrightarrow$ auf $E \times E$, den *Nachrichten* und den *Rendez-Vous*
von SK.

Beispiel 4.3: In dem in Beispiel 4.1 angegebenen System besteht die in Abbildung 4.1 gezeigte Kommunikationsstruktur. Die erwähnte Inkonistenz ist deutlich zu erkennen; die Uhr in Hamburg geht gegenüber der in München nach. ■

Systeme kommunizierender Prozesse beschreiben wir durch parallele Systeme, deren Pfade sämtlich von einer der Formen

Nachricht: **path** *[sendet; empfängt]*

bzw. $\hspace{10cm}$ (4.1)

Rendez_Vous: **path** *[sendet === empfängt]* **end**

sind.

Beispiel 4.4: Das in Beispiel 4.1 angegebene System beschreiben wir also durch folgendes Programm;

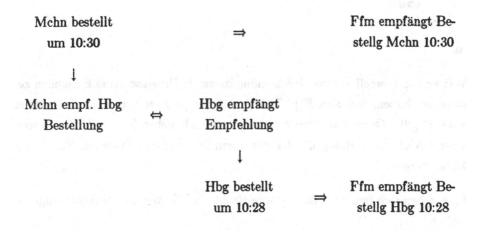

Abbildung 4.1: Kommunikationsstruktur zu Beispiel 4.1. Die angegebenen Zeiten sind die Zeitstempel entsprechend der lokalen Münchener bzw. Hamburger Zeit.

```
Bestellung: program
  Mchn: process
    bestellt_1030; empfiehltHbgBestellung
  end;
  Hbg: process
    empfängtEmpfehlg; bestellt_1028
  end;
  Ffm: process
    empfängtBestellgMchn; empfängtBestellgHbg /
    empfängtBestellgHbg; empfängtBestellgMchn
  end;
  MchnFfm: path
    *[Mchn.bestellt_1030; Ffm.empfängtBestellgMchn ]*
  end;
  HbgFfm: path
    *[Hbg.bestellt_1028; Ffm.empfängtBestellgHbg ]*
  end;
  MchnHbg: path
    *[Mchn.empfiehltBestellung === Hbg.empfängtEmpfehlg]*
  end;
end.
```

∎

Wir setzen generell voraus, daß kommunizierende Prozesse keine Ereignisse gemeinsam haben, daß also $E(p) \cap E(q) = \emptyset$ für je zwei verschiedene Prozesse $p, q \in P$ gilt. Ohne diese Einschränkung entstünde neben Rendez-Vous ein weiterer Gleichzeitigkeitsbegriff, der vor allem in verteilten Systemen Schwierigkeiten bereitet.

Es ergeben sich nun zwei interessante Probleme, die wir nacheinander angehen wollen.

1. *Problem der temporalen Konsistenz:* Unter welchen Bedingungen ist es möglich, jedem Ereignis x eines Systems kommunizierender Prozesse einen Zeitpunkt $C(x)$ so zuzuordnen, daß zwei in einem Prozeß

aufeinanderfolgende Ereignisse $x \to y$ auch zeitlich aufeinanderfolgen, daß das Absenden einer Nachricht $x \Rightarrow y$ dem Empfang auch zeitlich vorausgeht, und daß die Ereignisse eines Rendez-Vous $x \leftrightarrow y$ gleichzeitig stattfinden.

2. *Problem der verteilten Uhr:* Wie kann man ein verteiltes System von Uhren installieren, das die Zuordnung zwischen einem Ereignis x und dem Zeitpunkt $C(x)$, zu dem es stattfindet, effektiv realisiert.

4.3 Konsistenz und Lebendigkeit

Das Problem der temporalen Konsistenz läßt sich lösen, indem man die Relationen $\to_p$, $\Rightarrow$ und $\leftrightarrow$ zu einer einzigen Relation $\Longrightarrow$ zusammensetzt, die die (zeitliche) Reihenfolge *aller* Ereignisse charakterisiert.

Definition 4.5: Sei $SK = <P, \Rightarrow, \leftrightarrow>$ ein System kommunizierender Prozesse. Die *Reihenfolge* der Ereignisse von SK ist die kleinste Relation $\Longrightarrow \subset E \times E$ mit folgenden Eigenschaften:

$$\Longrightarrow \text{ ist transitiv} \tag{4.2}$$

$$\forall x, y \in E: x \to y \supset x \Longrightarrow y \tag{4.3}$$

$$\forall x, y \in E: x \Rightarrow y \supset x \Longrightarrow y \tag{4.4}$$

$$\forall x, y, z \in E: x \leftrightarrow y \Longrightarrow z \lor x \Longrightarrow y \leftrightarrow z \supset x \Longrightarrow z \tag{4.5}$$

Das System heißt *temporal konsistent*, wenn $\Longrightarrow$ eine irreflexive Halbordnung ist.

Bemerkung: Temporale Konsistenz schließt aus, daß ein Prozeß ein Rendez-Vous mit sich selbst mit zwei verschiedenen Ereignissen hat, nicht aber, daß ein Prozeß eine Nachricht an sich selbst schickt.

Beispiel 4.5: Das in Abbildung 4.1 gezeigte System ist temporal konsistent. Wir werden sehen, daß es möglich ist, eine mit der Relation $\Longrightarrow$ verträgliche Zeit und Zeitzuordnung effektiv zu bestimmen. ■

Eine notwendige und hinreichende Bedingung hierfür liefert der folgende

Satz 4.1: Ein durch ein paralleles System S mit Pfaden der Form (4.1) beschriebenes System SK kommunizierender Prozesse ist temporal konsistent genau dann, wenn S lebendig ist.

Beweis: Trivial durch Induktion über die Struktur der Relation $\Longrightarrow$. ■

Die Reihenfolgerelation $\Longrightarrow$ besitzt neben der temporalen auch eine kausale Interpretation: Es gilt $x \Longrightarrow y$, wenn x Ursache für y ist oder sein kann. *Kausale Konsistenz* bedeutet dann, daß ein Ereignis sich nicht selbst unmittelbar oder mittelbar verursachen kann (vgl die Definition der Kausalität in [Deussen]).

4.4 Lokale und globale Uhren

Wenn wir den zeitlichen Ablauf eines Systems kommunizierender Prozesse beobachten wollen, benötigen wir eine Uhr, die es erlaubt, Ereignissen einen Zeitpunkt zuzuordnen. In diesem Abschnitt erweitern wir das in [Lamport78] angegebene Verfahren zur Konstruktion einer globalen Uhr in einem verteilten System so, daß auch Rendez-Vous erfaßt werden.

Definition 4.6: Eine *(globale) Uhr* in einem System $SK = <P, \Rightarrow, \Leftrightarrow>$ kommunizierender Prozesse ist eine Abbildung $C{:}E \to T$ der Ereignisse von SK auf die Menge T der Zeitpunkte einer Zeit $t = <T, <>$ mit:

$$\forall\, x, y \in E{:}\ x \Longrightarrow y \supset C(x) < C(y) \tag{4.6}$$

Es ist nicht sinnvoll, auch die Umkehrung von (4.6) zu fordern. Dann würde nämlich $x \Longrightarrow y$ und $y \Longrightarrow x$ stets $C(x) = C(y)$ implizieren. Der folgende Satz ist leicht zu beweisen und sicherlich nicht überraschend. Daß sich die anscheinend übertriebene begriffliche Genauigkeit lohnt, hat Beispiel 4.1 ja bereits gezeigt.

Satz 4.2: Zu einem System SK kommunizierender Prozesse existiert eine globale Uhr genau dann, wenn SK temporal konsistent ist.

Beweis: „ $\supset$ ": Zu zeigen ist nur die Irreflexivität der Relation $\Longrightarrow$; diese folgt aber aus (4.6).

„ $\subset$ ": Probleme bereiten lediglich Rendez-Vous $x \Leftrightarrow y$. Wir betrachten die kleinste Äquivalenzrelation, die $\Leftrightarrow$ umfaßt, und fassen deren Äquivalenzklassen als Zeitpunkte T auf. Für zwei Zeitpunkte $s, t \in T$ gelte

$$s < t \iff \exists\, x \in s, y \in t{:}\ x \Longrightarrow y \ .$$

Die so definierte Relation $<$ ist eine Halbordnung auf T, sie läßt sich zu einer vollständigen Ordnung fortsetzen. Jedem Ereignis $x \in E$ ordnen wir seine Äquivalenzklasse als Zeitpunkt zu; (4.6) gilt damit unmittelbar. ∎

Allerdings interessiert uns in der Regel weniger die Existenz als vielmehr die effektive Konstruktion einer globalen Uhr, die so verteilt ist, daß jeder Prozeß erstens sofort „weiß", zu welchem globalen Zeitpunkt $C(x)$ eines seiner Ereignisse x stattfindet, und zweitens erfahren kann, wann genau ein bestimmtes Ereignis in einem anderen Prozeß stattgefunden hat. Wir erreichen dies, indem wir ihn mit einer lokalen Uhr C_p ausstatten. Die Uhrbedingung (4.6) aus Definition 4.6 stellen wir durch folgende Konstruktion sicher (vgl. [Lamport78]):

Definition 4.7: *Konstruktion einer verteilten globalen Uhr.* Es sei $C = \bigcup_{p \in P} C_p$, wobei die lokalen Uhren C_p wie folgt „gehen":

(4.7)   Zwischen je zwei Ereignissen $x \rightarrow_p y$ geht (stellt der Prozeß p) die Uhr C_p ein Stück weiter, so daß also $C(x) < C(y)$ gilt.

(4.8)   Sendet der Prozeß p an den Prozeß q eine Nachricht $x \Rightarrow y$, so wird der Zeitpunkt $C_p(x)$ als Zeitstempel mit übertragen. Beim Empfang der Nachricht stellt q (ggf. durch *vorheriges* Weiterstellen der Uhr C_q) sicher, daß $C_p(x) < C_q(y)$, also auch $C(x) < C(y)$ gilt.

(4.9)   Kommunizieren zwei Prozesse p und q in einem Rendez-Vous $x \leftrightarrow y$ miteinander, so sorgen beide durch Austausch ihrer lokalen Uhren C_p sowie C_q und ggf. durch *vorheriges* Weiterstellen dieser Uhren dafür, daß $C_p(x) = C_q(y)$ und damit $C(x) = C(y)$ gilt.

Satz 4.3: Ist die durch Definition 4.7 definierte Relation C eine Abbildung, so ist C eine globale Uhr für SK gemäß Definition 4.6.

Beweis: Trivial durch Induktion über die Struktur der Relation $\Longrightarrow$. ■

Beispiel 4.6: Die in Beispiel 4.1 besprochene Inkonsistenz kann bei Einhaltung dieses Protokolls deshalb nicht mehr auftreten, weil die lokale Hamburger Uhr vor dem Hamburger Bestellversuch eine spätere Zeit als die Münchener Zeit beim dortigen Bestellversuch zeigt. Sie wird während des Telefongesprächs zwischen A und B weitergestellt. ■

Die Begriffe Zeit und Uhr sind sehr abstrakt; sie haben mit der physischen Zeit bzw. physischen Uhren nur die irreversible Ordnung, das zeitliche Nacheinander gemeinsam. Wir werden jedoch sehen, daß diese schwache Struktur bereits ausreicht, um typische Synchronisationsprobleme wie zeitlichen Ausschluß oder zeitliche Abfolge, und, darauf aufbauend, das der Implementierung paralleler Systeme durch geeignete Protokolle auch in verteilten Systemen zu lösen.

5. VERTEILTE IMPLEMENTIERUNG PARALLELER SYSTEME

5.0 Überblick

In diesem Kapitel beschäftigen wir uns mit Methoden zur Implementierung paralleler Systeme.

Für reguläre Systeme wurden solche Implementierungen mehrfach praktisch durchgeführt.

In Path-Pascal [Campbell79, Campbell80] werden z.B. Pfadausdrücke dadurch implementiert, daß Aufrufe von zu synchronisierenden Operationen in Pro- und Epiloge aus P- bzw. V-Operationen auf zählenden Semaphoren eingebettet werden. Diese Transformation erfolgt automatisch durch den Übersetzer; für den Programmierer ist sie transparent. Ähnlich werden in [Goldsack] Pfad-Ausdrücke in Ada eingebettet; an die Stelle von Semaphoren treten dabei entsprechende Hilfsprozesse. Auch in [Andler] werden (um Prädikate erweiterte) Pfad-Ausdrücke mittels unteilbarer Zähloperationen auf Algol 68 abgebildet.

Im FAMOS-System [Habermann78] sind Pfadausdrücke unmittelbar als endliche Automaten implementiert. Dies bedeutet, daß bei Ausführung einer zu synchronisierenden Operation die Zustände mehrerer dieser Automaten unteilbar verändert werden müssen. In [Schneider76] werden hierzu unteilbare Operationen $u:=u \cup v$, $u:=u \setminus v$ auf Mengen bzw. Bit-Vektoren u, v verwendet.

Natürlich können Pfadausdrücke auch mikroprogrammiert oder, wie in [Floyd] gezeigt, unmittelbar in VLSI-Schaltkreise umgesetzt werden.

Schließlich kann man in Programmiersprachen, die Rendez-Vous enthalten, parallele Systeme unter gewissen Bedingungen sehr einfach implementieren. Man repräsentiert die Pfade durch Prozeßobjekte und die Ereignisse durch Rendez-Vous zwischen den eigentlichen Problemprozessen und den Pfaden. In [Schauer] und [Habermann80] wird gezeigt, daß man unter (vertretbarem) Verzicht auf Parallelität solche künstlichen Pfadprozesse durch systematische Programmtransformation in Monitore [Hoare74b] umwandeln und so die Anzahl der Prozeßzustände und -umschaltungen verringern kann.

Bei der Implementierung in verteilten Systemen bereitet die Verwendung lokaler Variabler oder zentraler Hardware jedoch Schwierigkeiten: Durch die Verteilung möchte man oft ja gerade eine Steigerung der Zuverlässigkeit und Verfügbarkeit erzielen. Der Ausfall einzelner Systemkomponenten soll höchstens die Leistung, nicht jedoch die Funktion des Gesamtsystems beeinträchtigen; das System soll bei einem solchen Ausfall „anmutig in die Knie gehen".

Wir leiten deshalb aus der in [Lamport74] angegebenen Lösung des lokalen Ausschlußproblems für Multi-Prozessor-Architekturen ('bakery algorithm'), die schon unter sehr schwachen Voraussetzungen ausfallsicher und gerecht ist, analog zu [Lamport78] eine Lösung des Ausschlußproblems in verteilten Systemen her. Aus dieser gewinnen wir eine verteilte, ausfallsichere Implementierung paralleler Systeme.

Wir beschränken uns auf reguläre Systeme; die Verallgemeinerung auf Systeme mit z.B. kontextfreiem Verhalten der Prozesse und Pfade ergibt sich daraus unmittelbar.

5.1 Zeitlicher Ausschluß in verteilten Systemen

Reguläre parallele Systeme $S = <PO, Q>$ können als Mengen endlicher Automaten implementiert werden, deren Zustände insgesamt den Systemzustand repräsentieren. Das Verhalten der Prozeßobjekte $po \in PO$ ergibt sich dabei von selbst; sie werden ja auf jeden Fall (von einem Prozessor) ausgeführt. Ihr Zustand ist also durch den Programmzähler gegeben. Den Pfaden $q \in Q$ ordnen wir jeweils einen endlichen Automaten A_q zu.

Will ein Prozeßobjekt nun ein Ereignis namens e stattfinden lassen, das Synchronisationsbedingungen unterliegt, also in Pfaden auftritt, so muß dies in zwei Schritten geschehen:

1. Es muß geprüft werden, ob die Automaten A_q, zu deren Alphabet das Ereignis gehört, dieses zum gegenwärtigen Zeitpunkt überhaupt akzeptieren.

2. Wird das Ereignis von allen Automaten akzeptiert, so muß sich ihr Zustand entsprechend verändern.

Wenn man, wie wir das beabsichtigen, die Automaten als passive Systemkomponenten implementiert, muß man dafür sorgen, daß Inspektion und Änderung ihrer Zustände konsistent erfolgen. Wir fassen diese Zustände zu einer einzigen Zustandsvariablen Z zusammen. Da wir eine verteilte, ausfallsichere Implementierung anstreben, können wir Z nicht zentral, im lokalen Speicher *eines* Prozeßobjekts unterbringen; dessen Ausfall hätte ja sonst den Ausfall des Gesamtsystems zur Folge. Vielmehr müssen wir jedem Prozeßobjekt *po* eine Instanz Z_{po} des Zustands Z geben und dafür sorgen, daß diese Instanzen jederzeit konsistent sind. Wir müssen also nicht das Leser-Schreiber-Problem, wohl aber das des zeitlich ausschließlichen Zugriffs auf eine Variable Z für ein verteiltes System lösen. Der Allgemeinheit halber sprechen wir statt von einer Variablen im folgenden von einem *Betriebsmittel*.

Bevor ein Prozeßobjekt auf das Betriebsmittel zugreift, muß es dies den anderen mitteilen. Der Zugriff erfolgt gemäß dem Protokoll

po: **process** *[fordert; belegt; gibt frei]* **end** ;

die zugehörige Ausschlußbedingung ist

Ausschluß: **path** *[belegt; gibt frei]* **end**;

Bezogen auf eine globale Uhr C (Definition 4.6) lautet diese Ausschlußbedingung wie folgt:

Definition 5.1: Sei $SK = <P, \Rightarrow, \Leftrightarrow>$ ein System kommunizierender Prozesse, C eine Uhr für SK. Seien weiter p und q zwei verschiedene Prozesse, und seien

$fordert_p \rightarrow_p belegt_p \rightarrow_p gibt\_frei_p$

$fordert_q \rightarrow_q belegt_q \rightarrow_q gibt\_frei_q$

zwei Zugriffe auf das Betriebsmittel. Gilt dann

$$C(gibt\_frei_p) < C(belegt_q) \ \lor \ C(gibt\_frei_q) < C(belegt_p) \ , \qquad (5.1)$$

so schließen die beiden Zugriffe einander zeitlich aus.

Die Forderung (5.1) ist noch recht schwach. Vor allem verhindert sie nicht, daß ein Prozeß oder eine Gruppe von Prozessen das Betriebsmittel exklusiv benutzen und die übrigen verhungern lassen. Um allen Prozessen einen gerechten

Zugriff zu gewähren, fordern wir zusätzlich, daß die Anforderungen in der Reihenfolge befriedigt werden, in der sie entstehen.

Definition 5.2: Gilt

$$C(fordert_p) < C(fordert_q) \quad \supset \quad C(gibt\_frei_p) < C(belegt_q) , \qquad (5.2)$$

so nennen wir den Ausschluß *gerecht*.

Für den Fall $C(fordert_p) = C(fordert_q)$ treffen wir noch keine Entscheidung. Wir werden sehen, daß dabei dasselbe Problem rekursiv entsteht.

Da wir eine ausfallsichere Lösung anstreben, muß der Ausfall eines Prozesses auf irgendeine Art erkennbar sein. Abstrakt verlangen wir, daß ein ausfallendes Prozeßobjekt *po* an alle übrigen die Nachricht $<po$ ist ausgefallen$>$ sendet und dann alle seine Aktivitäten einstellt. Die konkrete Realisierung muß zu diesem Zweck (physische) Zeitschranken und spezielle Hardware vorsehen. Kennt man z.B. obere Schranken für die Laufzeit von Nachrichten, und kann man garantieren, daß Prozeßobjekte innerhalb eines bestimmten Zeitraums auf Nachrichten reagieren, so kann jedes Komponente des verteilten Systems von Zeit zu Zeit prüfen, ob ein Prozeßobjekt *po* noch antwortet oder nicht. Fällt die Prüfung negativ aus, so kann dies als gleichwertig zum Empfang einer Nachricht $<po$ ist ausgefallen$>$ angesehen werden.

Dies setzt natürlich voraus, daß ausgefallene Prozeßobjekte wirklich protokollgerecht für immer ,,schweigen''; will man Protokollverletzungen zulassen, so muß man zusätzlich das 'Problem der Albanischen Generäle' [Lamport79] lösen.

Weitere Schwierigkeiten entstehen dann, wenn Nachrichten von einem Prozeß an einen anderen einander ,,überholen'' können. Dies ist bei den meisten Netzen nicht oder zumindest nicht auf tieferen Hierarchieniveaus ausgeschlossen; durch Protokolle wie Numerierung ('alternating bit'-Protokoll [Bartlett]) oder explizite Bestätigung jeder Nachricht können Überholungseffekte jedoch verhindert werden.

Definition 5.3: Ein System $SK = <P, \Rightarrow, \Leftrightarrow>$ kommunizierender Prozesse heißt *System mit reihenfolgetreuer Kommunikation*, wenn

$$x_i \Rightarrow y_i \ (i = 1, 2) \ \wedge \ x_1 \rightarrow_p x_2 \ \supset \ y_1 \rightarrow_q y_2 \tag{5.3}$$

für je zwei Nachrichten von einem Prozeß p an einen Prozeß q gilt.

In einem System mit reihenfolgetreuer Kommunikation kann man das Ausschlußproblem nun wie folgt lösen (vgl. [Lamport78]):

Definition 5.4: *Protokoll zur ausfallsicheren Lösung des verteilten Ausschlußproblems.* Jedes Prozeßobjekt verwaltet eine (anfangs leere) Schlange von Anforderungen. Anforderungen haben die Form $<t: po$ fordert$>$: Das Prozeßobjekt po hat zum Zeitpunkt t Zugriff auf das Betriebsmittel gefordert. Der Zeitpunkt t bestimmt die Reihenfolge in der Schlange.

(5.4) Will ein Prozeßobjekt po zum Zeitpunkt t auf das Betriebsmittel zugreifen, so sendet es an alle übrigen Prozeßobjekte eine Nachricht $s:<t: po$ fordert$>$; dabei ist s der in Definition 4.7 eingeführte Zeitstempel gemäß der lokalen Uhr C_p. Außerdem fügt po diese Anforderung in seine eigene Schlange ein. Die Nachrichten müssen nicht alle gleichzeitig und sofort abgesandt werden; es ist sehr wohl $s>t$ zulässig.

(5.5) Wenn ein Prozeßobjekt qo eine Anforderung empfängt, so fügt es sie in seine Schlange ein. Dann sendet es eine Nachricht $s:<qo$ bestätigt$>$ an den Absender.

(5.6) Das Prozeßobjekt po kann das Betriebsmittel belegen, sobald (1) seine Anforderung $<t: po$ fordert$>$ die zeitlich erste in seiner Schlange ist, für alle anderen Anforderungen $<t': qo$ fordert$>$ darin also $t'>t$ gilt, und sobald es (2) von jedem anderen Prozeßobjekt qo eine Nachricht mit einem Zeitstempel $s>t$ oder die Nachricht $<qo$ ist ausgefallen$>$ empfangen hat.

(5.7)   Das Prozeßobjekt *po* gibt das Betriebsmittel wieder frei, indem es an
alle übrigen eine Nachricht $<t: po$ gibt frei$>$ sendet und die Anforderung $<t: po$ fordert$>$ aus seiner Schlange entfernt.

(5.8)   Empfängt ein Prozeßobjekt *qo* eine Nachricht $<t: po$ gibt frei$>$
oder eine Nachricht $<po$ ist ausgefallen$>$, so entfernt es die entsprechende Anforderung $<t: po$ fordert$>$ aus seiner Schlange.

Die Bedingung (5.6.2) ist absichtlich schwach formuliert. Um insgesamt Nachrichten einzusparen, kann die Bestätigung gemäß (5.5) unterbleiben, wenn *qo*
bereits eine Nachricht mit einem Zeitstempel $s > t$ an *po* gesandt hat, oder
wenn *qo* in seiner eigenen Schlange eine Anforderung $<t': qo$ fordert$>$ mit
$t' < t$ hat. Im zweiten Fall kann die Freigabemeldung von *qo* an *po* die Rolle
der Bestätigungsnachricht übernehmen.

Beispiel 5.1: Abbildung 5.1 zeigt die Abwicklung dieses optimierten Protokolls für zwei Prozeßobjekte *po* und *qo*, wie sie in physischer Zeit stattfinden
könnte. Obwohl physisch später wird die Anforderung von *qo* am virtuellen
Zeitpunkt 13 so behandelt, als sei sie vor der Anforderung von *po* am virtuellen Zeitpunkt 27 erfolgt. Beim Empfang der Nachricht 27:$<27: po$ fordert$>$
muß *qo* seine Uhr weiterstellen. Am resultierenden Zeitpunkt 28 kann *qo* das
Betriebsmittel belegen; die Nachricht 27:$<27: po$ fordert$>$ wird gleich als Bestätigung betrachtet. Eine Quittung braucht auch nicht an *po* gesandt zu werden. Die Freigabemeldung von *qo* am Zeitpunkt 30 übernimmt diese Funktion.
Man beachte, daß die lokalen Uhren auch zum Schluß nicht physisch synchron
gehen. ∎

Wir müssen nun zeigen, daß das Protokoll aus Definition 5.4 tatsächlich zeitlichen Ausschluß garantiert.

Satz 5.1: In einem System mit reihenfolgetreuer Kommunikation erfüllt das
in Definition 5.4 angegebene Protokoll die Bedingungen (5.1) und (5.2) des gerechten zeitlichen Ausschlusses.

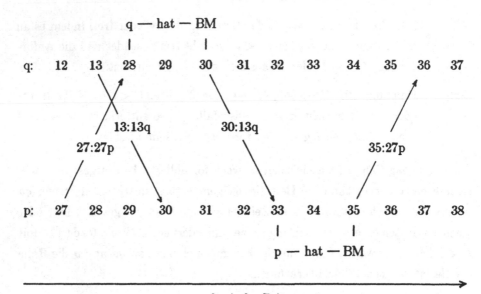

Abbildung 5.1: Optimiertes Protokoll zum zeitlichen Ausschluß beim Zugriff auf ein gemeinsames Betriebsmittel gemäß Definition 5.4. Der Ablauf ist in physischer Zeit gezeigt; die angegebenen Zahlen sind die Werte der lokalen Uhren.

Beweis: Daß sich das System korrekt verhält, solange keine Prozeßobjekte ausfallen, wird in [Lamport78] gezeigt. Der Beweis beruht auf kausalen und auf die globale Uhr bezogenen, temporalen Argumenten. Seien nun

$$fordert_p\,[\,\rightarrow_p belegt_p\,[\,\rightarrow_p gibt\_frei_p\,]\,]$$

$$fordert_q\,[\,\rightarrow_q belegt_q\,[\,\rightarrow_q gibt\_frei_q\,]\,]$$

zwei möglicherweise nicht abgeschlossene Zugriffe mit

$$t = C(fordert_p) < t' = C(fordert_q)\ .$$

(1) Fällt eines der Prozeßobjekte vor der Belegung aus, so sind die

Ausschlußbedingungen (5.1) und (5.2) gegenstandslos. Das ausgefallene Prozeß-objekt wird außerdem spätestens beim jeweiligen Empfang der zugehörigen Ausfallmeldung aus den Schlangen aller noch aktiven Prozeßobjekte entfernt; diese verhalten sich danach so, als sei das ausgefallene Prozeßobjekt nicht mehr vorhanden.

(2) Belegen beide Prozeßobjekte das Betriebsmittel, so betrachten wir den Zeitpunkt $C(belegt_q)$, zu dem qo das Betriebsmittel belegt. Aus (5.6.1) und $t < t'$ folgt, daß zu diesem Zeitpunkt die Anforderung $<t'$: qo fordert$>$, nicht aber die Anforderung $<t$: po fordert$>$ in qo's Schlange ist. Aus (5.6.2) ergibt sich, daß qo von po eine Nachricht mit Zeitstempel $s > t'$ oder die Nachricht $<po$ ist ausgefallen$>$ erhalten hat. Da die Kommunikation reihen-folgetreu ist, muß die Anforderung $<t$: po fordert$>$ bereits von qo empfan-gen worden, also in qo's Schlange gewesen sein. qo kann sie nur wegen (5.8) daraus entfernt haben. Dabei hat qo aber die Uhr C_{qo} gemäß dem Absende-zeitpunkt der Freigabe- bzw. Ausfallmeldung auf einen Wert $t'' > C(gibt\_frei_p)$ gestellt. Also gilt $t'' < C(belegt_q)$. Für die Konsistenz der Schlangen der noch aktiven Prozeßobjekte gilt dasselbe wie bei (1); po bzw. qo werden bei Ausfall daraus entfernt. ■

Der Beweis gilt übrigens formal auch dann, wenn po und qo identisch sind; ein Prozeßobjekt kann das Betriebsmittel zwar „geschachtelt" anfordern, aber nicht „geschachtelt" belegen.

Das Protokoll aus Definition 5.4 versagt, wenn zwei — oder allgemein $n > 1$ — Prozeßobjekte das Betriebsmittel zum selben Zeitpunkt anfordern. Die Be-dingung (5.6.1) ist dann nie erfüllt; keines der beteiligten Prozeßobjekte kann das Betriebsmittel belegen. Dafür verantwortlich sind insbesondere auch die jeweils ausgetauschten Bestätigungen.

Der in Definition 5.2 eingeführte Gerechtigkeitsbegriff ist zeitlich orientiert; er läßt die Freiheit, bei gleichzeitigen Anforderungen einem beliebigen der betei-ligten Prozeßobjekte Vorrang einzuräumen.

Eine erste Lösung des Problems besteht also darin, den Prozeßobjekten feste (einfach) oder zeitlich veränderliche (schwierig) Prioritäten $rang_{po}$ zu geben, die bei gleichzeitigen Anforderungen den Ausschlag geben.

In rein digitalen Systemen birgt ein solches Vorgehen allerdings immer die Gefahr des *Gleichtakts*. Finden die Anforderungen — z.B. wegen exakt oder annähernd gleicher Geschwindigkeit der Prozesse — im Gleichtakt statt, so wird der angegebene Gerechtigkeitsbegriff gegenstandslos: Nur noch die Priorität entscheidet. Natürlich kann Gleichtakt in ganz ähnlicher Weise auch bei zeitlich veränderlichen Prioritäten zu unerwünschten Effekten führen.

Eine andere Möglichkeit, Gerechtigkeit bei gleichzeitigen Anforderungen zu garantieren, besteht darin, zusätzlich zur Anforderungszeit t eine Zufallszahl z, insgesamt also geordnete Paare $<t,z>$ zur Entscheidung heranzuziehen. Man benötigt hierzu verteilte Zufallszahlengeneratoren, die nie paarweise die gleiche Zufallszahl liefern können, und die außerdem nicht nur paarweise, sondern bezüglich jeder Teilmenge unkorreliert sind.

Bei genauerer Betrachtung ergibt sich, daß rekursiv das ursprüngliche Problem entstanden ist. Die Rolle, die das Betriebsmittel eingenommen hat, spielt nun das Entscheidungskriterium. Es darf zu jedem Zeitpunkt nur einem Prozeß Vorrang gewähren. Dies trifft auch für die allgemeineren 'should-precede'-Relationen in [Lamport76] zu. Absolute Gerechtigkeit ist anscheinend sehr schwer zu realisieren.

5.2 Verteilte Implementierung paralleler Systeme

Aus der im vorangehenden Abschnitt dargestellten Lösung des verteilten Ausschlußproblems kann man nun eine verteilte, ausfallsichere Implementierung paralleler Systeme herleiten.

Ein auf diese Weise implementiertes System ist allerdings, als Ganzes genommen, ausfallsicher nur dann, wenn auch die Systemspezifikation die erforderliche Redundanz enthält. Sieht sie z.B. bei einem Erzeuger-Verbraucher-Problem nur einen einzigen Erzeuger-Prozeß vor, so wird dessen Ausfall das Gesamtsystem nicht nur in seiner Leistung beeinträchtigen; es wird gänzlich ausfallen!

Die Implementierung baut auf dem bereits in [Lamport78] angedeuteten Grundgedanken auf: Jedes Prozeßobjekt po verwaltet ein eigenes Exemplar Z_{po} der Systemzustandsvariablen Z.

Dabei ergibt sich folgende Schwierigkeit: Das Protokoll aus Definition 5.4 garantiert nur die Konsistenz der Anforderungsschlangen. Um auch die Konsistenz der Zustandsvariablen Z_{po} sicherzustellen, muß es um eine zusätzliche Nachricht und Quittung erweitert werden. Will ein Prozeßobjekt po nämlich ein Ereignis namens e stattfinden lassen, so muß es zunächst die übrigen durch eine Nachricht $< t : po$ fordert $e >$ davon informieren. Vor Empfang der Freigabemeldung von po müssen *alle* Prozeßobjekte qo ihr Exemplar Z_{qo} der Zustandsvariablen auf den neuen Stand gebracht haben.

Wir lösen dieses Problem wie folgt: Das Prozeßobjekt po selbst vollzieht den Zustandsübergang, sobald seine Anforderung die zeitlich früheste ist, die entsprechend Z_{po} akzeptabel ist. Dann sendet es an die übrigen eine Nachricht $< po.e$ hat stattgefunden$>$. Erst wenn diese den Übergang quittiert haben, erfolgt die Freigabe durch eine Nachricht $< po$ gibt frei$>$.

Zusätzlich müssen wir voraussetzen, daß kein Prozeßobjekt während des Absendens einer Nachricht „an alle" ausfällt. Eine solche Nachricht muß stets alle übrigen erreichen. Anderenfalls entsteht folgende Schwierigkeit: Ein Prozeßobjekt qo kennt eine Anforderung $<po$ fordert $e>$ und erfährt dann, daß po ausgefallen ist. Es ist für qo dann sehr aufwendig, festzustellen, ob die Nachricht $<po.e$ hat stattgefunden$>$ bereits an andere Prozeßobjekte qo' unterwegs ist und dort den entsprechenden Zustandsübergang bewirken wird bzw. schon bewirkt hat oder nicht.

Außerdem müssen wir den Fall berücksichtigen, daß ein nichtdeterministisches Proseßobjekt po selektiv ein Ereignis aus einer Menge $F \subset EN(po)$ von Ereignissen stattfinden lassen möchte. Die Anforderungsnachrichten haben deshalb die allgemeine Form $<po$ fordert $F>$.

Schließlich müssen wir auch das verteilte, gleichzeitige Stattfinden von Ereignissen $po.e$, $qo.f$ betrachten. Haben die beiden Prozeßobjekte die Ereignisse $po.e$ bzw. $qo.f$ angefordert, so müssen sie die lokalen Uhren C_{po} und C_{qo} in einem Rendez-Vous $po.e \Leftrightarrow qo.f$ aufeinander abstimmen; Nachrichten allein sind hierzu nicht ausreichend. Gleichzeitigkeit wird dabei durch (4.9) aus Definition 4.7 gewährleistet.

Insgesamt erhalten wir das folgende Protokoll:

Definition 5.5: *Protokoll zur ausfallsicheren Implementierung eines parallelen Systems.* Jedes Prozeßobjekt verwaltet eine Schlange von Anforderungen und eine Zustandsvariable Z_{po}. Der Zeitpunkt der Anforderung bestimmt die Reihenfolge in der Schlange.

(5.9)   Will ein Prozeßobjekt po ein Ereignis e oder nichtdeterministisch eines aus einer Menge F von Ereignissen stattfinden lassen, so schickt es an alle übrigen Prozeßobjekte die Nachricht $<t: po$ fordert $\{e\}>$ bzw. $<t: po$ fordert $F>$. Außerdem fügt po diese Anforderung in seine eigene Schlange ein.

(5.10)   Wenn ein Prozeßobjekt qo eine Anforderung $<po$ fordert $F>$ empfängt, so fügt es sie in seine Schlange ein. Dann sendet es die Nachricht $<qo$ bestätigt$_1>$ an den Absender.

(5.11)   Ein Ereignis $po.e \in F$ kann im Prozeßobjekt po stattfinden, sobald (1) die Anforderung $<t: po$ fordert $F>$ in po's Schlange unter denjenigen, die gemäß der Zustandsvariablen Z_{po} zulässige Ereignisse enthalten, die zeitlich früheste ist, für alle anderen Anforderungen $<t': qo$ fordert $F'>$ mit zulässigen Ereignissen in F' also $t'>t$ gilt, und sobald es (2) von jedem anderen Prozeßobjekt qo die Nachricht $<qo$ bestätigt$_1>$ oder $<qo$ ist ausgefallen$>$ empfangen hat. po führt dann den zugehörigen Zustandsübergang $Z_{po} \rightarrow_{po.e} Z_{po}'$ aus und schickt an alle übrigen die Nachricht $<po.e$ hat stattgefunden$>$.

(5.12)   Ist ein Ereignis $po.e$ gleichzeitig mit einem anderen angeforderten Ereignis $po'.f$ zulässig, so sorgt po durch ein Rendez-Vous $po.e \Leftrightarrow po'.f$ für die Abstimmung der lokalen Uhren C_{po} und C_{po}', führt den Zustandsübergang $Z_{po} \rightarrow_{po.e\ ==\ po'.f} Z_{po}'$ aus und schickt dann an alle übrigen die Nachricht $<po.e\ ==\ po'.f$ hat stattgefunden$>$.

(5.13)   Empfängt ein Prozeßobjekt qo eine Nachricht $<po.e$ hat stattgefunden$>$ bzw. $<po.e\ ==\ po'.f$ hat stattgefunden$>$, so führt es den zugehörigen Zustandsübergang $Z_{qo} \rightarrow_{po.e[\ ==\ po'.f]} Z_{qo}'$ aus; dann schickt es die Nachricht $<qo$ bestätigt$_2>$ an den Absender.

(5.14)   Wenn das Prozeßobjekt po von allen übrigen eine Nachricht $<qo$ bestätigt$_2>$ oder $<qo$ ist ausgefallen$>$ empfangen hat, schickt es an alle die Nachricht $<po$ gibt frei$>$ und entfernt die Anforderung $<po$ fordert $F>$ (und ggf. auch die Anforderung $<po'$ fordert $F'>$) aus seiner Schlange.

(5.15)   Empfängt ein Prozeßobjekt qo eine Nachricht $<po$ gibt frei$>$ oder $<po$ ist ausgefallen$>$, so entfernt es die entsprechende Anforderung $<t: po$ fordert $F>$ (und ggf. auch die Anforderung $<po'$ fordert

$F'>$) aus seiner Schlange.

Die Ereignisse $po.e$ bzw. $po.e == po'.f$ finden also in gewissem Sinne *verteilt* statt; maßgeblich sind jedoch das Stattfinden in dem zugehörigen Prozeß und der dabei zugeordnete Zeitpunkt $C_{po}(po.e)$.

Wie in Satz 5.1 kann man zeigen, daß die Zugriffe auf die (verteilt implementierte) Zustandsvariable Z einander gerecht zeitlich ausschließen:

Lemma 5.2: Seien e und f zwei nacheinander angeforderte Ereignisse. Dann gilt für die Zeitpunkte der zugehörigen Zustandsübergänge:

$$\forall\, po,\ qo \in PO:\ C_{po}(Z_{po} \rightarrow_e Z_{po}\,') < C_{qo}(Z_{qo}\,' \rightarrow_f Z_{qo}\,'')$$

Alle Zustandsübergange $Z_{po} \rightarrow_e Z_{po}\,'$ finden also vor allen Zustandsübergangen $Z_{qo}\,' \rightarrow_f Z_{qo}\,''$ statt. Entsprechendes gilt für gleichzeitig stattfindende Ereignisse $e == f$; dabei ist der frühere der beiden Anforderungszeitpunkte maßgeblich.

Natürlich haben alle lokalen Zustandsvariablen Z_{po} anfangs den gleichen Wert; alle Automaten sind im Startzustand. Durch Induktion folgt aus Lemma 5.2, daß sich die lokalen Zustandsvariablen Z_{po} konsistent ändern:

Lemma 5.3: Bezeichnet I das offene Zeitintervall

$$(\ \max\{C_{po}(Z_{po} \rightarrow_e Z_{po}\,')\,|\,po \in PO\}\,,\ \min\{C_{qo}(Z_{qo}\,' \rightarrow_f Z_{qo}\,'')\,|\,qo \in PO\}\,)$$

und $Z_{po}(t)$ den Wert der Variablen Z_{po} zum Zeitpunkt t, so gilt für alle derartigen Intervalle zwischen Ereignissen:

$$\forall\, t \in I,\ po,\ qo \in PO:\ Z_{po}(t) = Z_{qo}(t)$$

Im Zeitraum I haben alle Zustandsvariablen den gleichen Wert. Dies garantiert, daß das implementierende System sich wie das implementierte verhält.

Wir haben zugelassen, daß ein Prozeßobjekt *po* zu einem beliebigen Zeitpunkt ausfällt, auch *während* der Abwicklung des angegebenen Protokolls, nicht jedoch während des Absendens einer Nachricht an alle. Deshalb empfangen die übrigen Prozeßobjekte alle die gleichen Nachrichten; die Konsistenz der Zustandsvariablen bleibt also für die übrigen noch aktiven Prozeßobjekte gewährleistet.

Insgesamt haben wir den

Satz 5.4: Die durch Definition 5.5 gegebene Implementierung eines parallelen Systems ist ausfallsicher und, bezogen auf die durch die globale Uhr gegebene Zeitzuordnung, korrekt.

Bei näherer Betrachtung stellt man fest, daß die angegebene Implementierungsmethode zwar allgemein, aber wenig effizient ist. Abfolgebedingungen der Form

Folge: **path** po.e; qo.f **end**

konnen z.B. auch durch eine direkte Nachricht $po.e \Rightarrow qo.f$ von *po* and *qo* garantiert werden; dabei werden sehr viele Nachrichten eingespart. Ähnliches gilt für Rendez-Vous. In beiden Fällen garantiert Definition 4.7, daß korrekte Zeitpunkte zugeordnet und damit die bezüglich der globalen Uhr korrekten Reihenfolge- bzw. Gleichzeitigkeitsbedingungen eingehalten werden. Hier bietet sich also ein weites Feld für Optimierungen.

Die angegebene Implementierung ist nicht auf reguläre parallele Systeme beschränkt. An das Verhalten $B(po)$ der Prozeßobjekte *po* haben wir überhaupt keine Bedingung gestellt, und statt endlicher Automaten kann man für die Pfade natürlich auch allgemeinere Mechanismen, z.B. Kellerautomaten oder zählende Automaten verwenden.

Wir sind davon ausgegangen, daß der Ausfall eines oder mehrerer Prozeßobjekte in dem Sinne toleriert werden kann, daß der Rest des Systems von diesen unabhängig weiterlaufen kann — wenn auch mit ggf. verminderter Leistung.

Dies entspricht einer Sicht von einem verhältnismäßig hohen Abstraktionsniveau. Konkret können Ausfälle von Systemteilen wie Prozessoren oder Netzverbindungen und der auf diesen ablaufenden Prozeßobjekte komplizierte Rekonfigurations- und Rücksetzoperationen erforderlich machen, die jedoch i.a. nicht direkt zur Problemlösung beitragen und deshalb nach außen nicht sichtbar sein sollten.

Wenn wir z.B. ein einfaches, aus mehreren Erzeugern und mehreren Verbrauchern bestehendes System betrachten, dessen Komponenten verteilt installiert sind, so kommt es beim Ausfall eines Erzeugers, eines Verbrauchers, eines Puffers oder einer Verbindung darauf an, daß der grundlegende *erzeugt-erbraucht*-Zyklus erhalten bleibt. Die Rücksetzoperation, die bei Verlust eines erzeugten Objekts erforderlich ist, sollte versteckt, nach außen unsichtbar erfolgen.

In Abschnitt 7.2 stellen wir mit dem 'alternating-bit'-Protokoll eine Möglichkeit vor, die Details des Verlustes eines Datenpakets auf einer unzuverlässigen Leitung so zu verbergen, daß die Übertragung nach außen sicher erscheint.

6. AUTOMATISCHE VERIFIKATION PARALLELER SYSTEME

6.0 Überblick

In diesem Kapitel geben wir einen kurzen Überblick über das Verifikationssystem PATSY (*Path Analysis and Transformation System*). Das PATSY-System akzeptiert Spezifikationen bzw. Programme in der in [Röhrich80] beschriebenen Sprache (vgl. Kapitel 1) und analysiert diese auf gewünschte Korrektheits- und Leistungseigenschaften.

Ein PATSY-Programm besteht aus einer hierarchisch geordneten Menge von Moduln, die ihrerseits in eine Schnittstellenbeschreibung und eine Implementierung gegliedert sind (vgl. Kapitel 3). Die Implementierung eines Moduls ist ein paralleles System im Sinne von Definition 1.8; die Schnittstelle ist ein Prozeßtyp (Definition 1.2).

PATSY-Programme können als Spezifikation von Hand geschrieben oder automatisch aus einem bestehenden Programm hergeleitet werden.

Das PATSY-System kann dem Entwurf nach beliebig große parallele Systeme analysieren, sofern diese gemäß Abschnitt 3.2 baumförmig in Moduln gegliedert sind. Hierzu benötigt man eine Modulbibliothek, wie sie auch bei modularer Übersetzung großer Programmsysteme in Sprachen wie Ada verwendet wird. Bei Verwendung von PATSY als Entwurfs- und Spezifikationssprache muß eine solche Bibliothek vom PATSY-System selbst aufgebaut und verwaltet werden. Sinnvoller erscheint jedoch die Integration in eine Programmierumgebung, die eine entsprechende Datenbank ohnehin enthält.

Im folgenden skizzieren wir Zielsetzung, Struktur und Einsatzmöglichkeiten des PATSY-Systems. Anschließend erläutern wir einige Probleme, die beim Nachweis von Lebendigkeitseigenschaften auftreten.

6.1   Das Verifikationssystem PATSY: Zielsetzung

Das Verifikationssystem PATSY dient dazu, die Kommunikations- und Synchronisationsstruktur hierarchisch modularisierter, paralleler Systeme zu analysieren. Das Hauptgewicht liegt auf der Beantwortung folgender Fragen:

1. Ist das spezifizierte Systemverhalten das tatsächlich intendierte?

2. Implementiert das System eine gegebene Schnittstelle korrekt (Definition 3.1)?

3. Sind zwei verschiedene Spezifikationen verhaltensäquivalent?

4. Hat das System die geforderten lokalen bzw. globalen Lebendigkeitseigenschaften (Abschnitt 2.1)?

5. Ist das System (bei gerechter Ablaufsteuerung) verhungerungsfrei (Abschnitt 2.2)?

6. Ist eine bestimmte Synchronisationsbedingung bezüglich der übrigen redundant? Impliziert die Spezifikation eine gegebene, nicht zur Spezifikation gehörige Bedingung?

7. Wie hoch ist der Grad an Parallelismus, d.h. wieviele Prozeßobjekte können maximal gleichzeitig aktiv sein? Welche Leistung ist bei gegebenen statistischen Verteilungen für die Dauer einzelner Aktionen und bei gegebener Prozessorzahl zu erwarten? Wie hoch ist der relative Zeitaufwand für die Synchronisation selbst?

Die resultierenden Aussagen können allerdings nur für die abstrakte, von Daten, Berechnungen und konkreten Zeitverhältnissen unabhängige Synchronisations- und Kommunikationsstruktur gültig sein. Stellt das PATSY-System z.B. lokale Inadäquatheit einer PATSY-Spezifikation fest, so bedeutet dies, daß jede korrekte Implementierung der Spezifikation lokal inadäquat ist. Umgekehrt tritt festgestellte Adäquatheit in der Implementierung nicht sicher ein; es kann sein, daß das betreffende Ereignis aufgrund datenabhängiger Abläufe nicht erreichbar ist (vgl. die Diskussion der 'must vs. may'-Problematik in [Taylor80]).

Die Einsatzmöglichkeiten des Systems sind vielfältig.

Zunächst kann PATSY unabhängig von einer Implementierungssprache als Spezifikationssprache eingesetzt werden, die die synchronisations- und kommunikationsbezogene Abstraktion des Systemverhaltens beschreibt.

PATSY-Programme sind ausführbar; man erhält auf diese Weise also rasch Prototypen. Die Erfahrung zeigt, daß viele Fehler schon im Spezifikationsstadium gefunden und beseitigt werden können. Da vor allem auch von realen Zeitverhältnissen abstrahiert wird, decken Tests der abstrakten Spezifikation oft gerade auch solche Fehler auf, die in einer konkreten Implementierung aufgrund von Zeitabhängigkeiten und niedriger, sich multiplikativ fortpflanzender Wahrscheinlichkeiten für gewisse Zustandsübergänge extrem selten sind.

Die Analyse erfolgt schrittweise, lokal für jeden Modul; sie erfordert zu keinem Zeitpunkt eine Sicht auf das Gesamtsystem. Insbesondere können die einzelnen Moduln in beliebiger Reihenfolge analysiert werden — eine Konsequenz des in Abschnitt 3.2 eingeführten Schnittstellenkonzepts für das Modulverhalten. Eine spezielle Entwurfsstrategie wird also nicht vorausgesetzt. Zum Schluß kann die Korrektheit des Gesamtsystems strukturell induktiv gefolgert werden.

Umgekehrt kann ein Übersetzer aus einem Programm in einer beliebigen Programmiersprache die Prozeß- und Synchronisationsstruktur extrahieren, sofern die Modul- und Synchronisationskonzepte dieser Sprache in PATSY ausdrückbar sind. In [Treff] wird dies für Ada ansatzweise gezeigt; für CSP ist es trivial. In diesem Fall wird man nicht nur an bestimmten Korrektheitseigenschaften, sondern auch daran interessiert sein, ob die Synchronisation redundant ist, d.h. ob es Synchronisationsbeziehungen gibt, die von anderen impliziert und daher nicht explizit programmiert werden müßten.

Schließlich kann man PATSY in eine existierende Programmiersprache integrieren und mit den in Kapitel 5 dargestellten Methoden implementieren. Weitere Möglichkeiten zur Implementierung von Pfadausdrücken sind in [Andler, Brinch78, Campbell79, Campbell80, Habermann78, Habermann80] beschrieben.

6.2 Struktur des PATSY-Systems

Das PATSY-System besteht zur Zeit aus den in Abbildung 6.1 dargestellten Moduln (vgl. [Schneider80]). Zunächst werden die regulären Prozeß- und Pfadausdrücke lexikalisch, syntaktisch und semantisch analysiert und in endliche Automaten übersetzt. Diese Repräsentation bildet die Grundlage der folgenden Analyseschritte, die i.w. voneinander unabhängig ausgeführt werden können. Abschließend werden die Analyseergebnisse auf das Quellprogramm bezogen zu einem Protokoll zusammengefaßt.

Das PATSY-System verwendet Standardalgorithmen der Übersetzer- und Automatenkonstruktion [Waite] sowie der Graphentheorie [Dörfler]. Es kann Moduln mit bis zu 10^4 Zuständen analysieren; dazu werden einige Minuten benötig.

Die *Simulation* dient hauptsächlich der Augenscheinvalidierung: Tut das System, was es tun soll? Zu diesem Zweck wird das PATSY-Programm „ausgeführt", bei Alternativen zwischen verschiedenen Ereignissen oder Rendez-Vous wird eines nichtdeterministisch, d.h. zufällig gewählt. Auf Wunsch wird ein wählbarer Abschnitt der resultierenden Ereignisfolge protokolliert. Ergebnisse sind statistische Werte über die Aktivität der einzelnen Prozesse und die durch die Pfade bedingten Einschränkungen des Ablaufs, die Häufigkeit der einzelnen Ereignisse und die Menge derjenigen Ereignisse, die nie durch Synchronisationsbedingungen behindert wurden. Verhungern (Abschnitt 2.2) und Verplaudern (Abschnitt 3.3) sind diesen Angaben oft deutlich zu entnehmen. Bei Verklemmungen bricht die Simulation (natürlich) ab; es werden dann zusätzlich die Prozesse und Pfade mit den Ereignissen ausgegeben, die sie stattfinden lassen möchten bzw. akzeptieren könnten. Eine leistungsbezogene Bewertung des Systemverhaltens in realer Zeit ist noch im Entwurfsstadium.

In der *Strukturanalyse* wird geprüft, ob ein paralleles System die folgende Korrektheitseigenschaft besitzt: Seien A_1, A_2 zwei Automaten mit den Ereignisnamenalphabeten EN_1, EN_2. Der transitive Abschluß $\approx^*$ der Relation

$$A_1 \approx A_2 \iff EN_1 \cap EN_2 \neq \emptyset$$

ist dann eine Äquivalenzrelation, deren Äquivalenzklassen gerade die maximalen Mengen von Prozessen und Pfaden entsprechen, die durch Synchronisationsbedingungen verknüpft sind. Das PATSY-System setzt Zusammenhang voraus; zerfällt ein paralleles System in mehrere Äquivalenzklassen, so können (und

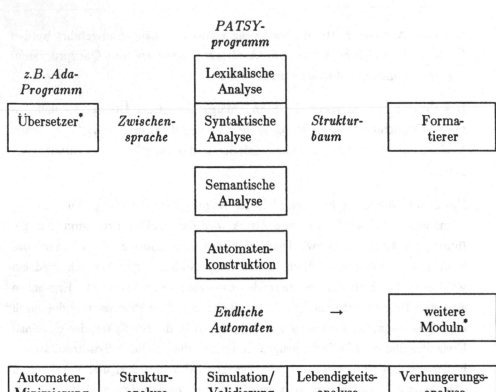

Abbildung 6.1: Modulstruktur des PATSY-Systems. Die mit * gekennzeichne-
ten Moduln sind noch nicht implementiert.

sollten) diese entweder voneinander unabhängig analysiert werden oder es liegt ein Spezifikationsfehler vor.

Zur *Lebendigkeitsanalyse* wird ein endlicher Automat gebildet, der im Sinne von Satz 1.1 den Durchschnitt aller durch die Prozeß- und Pfadautomaten akzeptierten Sprachen, also das Verhalten des parallelen Systems insgesamt beschreibt. Die in Abschnitt 2.1 angegebenen Lebendigkeitseigenschaften können als Eigenschaften dieses Automaten ausgedrückt werden. Zum Beispiel ist ein paralleles System lebendig (Definition 1.10), wenn jeder Zustand, in dem nicht alle Prozesse terminiert sind, wenigstens einen Nachfolgerzustand hat, und lokal adäquat (Definition 2.4), wenn es zu jedem Zustand und jedem in diesem Zustand von einem Prozeßobjekt *po* geforderten Ereignis *po.e* einen Nachfolgerzustand gibt, in dem ein paralleles Ereignis t mit $t_{po} = e$ stattfinden kann.

Ähnlich wie die Simulation liefert die Lebendigkeitsanalyse Angaben über nie stattfindende und nie durch Synchronisationsbedingungen blockierte Ereignisse; diese sind aber nunmehr vollständig.

Die *Verhungerungsanalyse* schließlich prüft für jeden einzelnen Prozeß, ob er gemäß Definition 2.8 durch Konspiration der übrigen blockiert werden kann.

Die Korrektheit einer Implementierung bzgl. ihrer Schnittstelle (Definition 3.1) kann zur Zeit noch nicht geprüft werden, bereitet aber keine prinzipiellen Schwierigkeiten.

Das analoge Problem der Redundanz der Spezifikation, d.h. der Existenz überflüssiger Synchronisationsbedingungen, wird z.Zt. ansatzweise wie folgt gelöst. Sei

q_i: **path** reg_Ausdr$_i$ **end** $(i = 1, \ldots, n)$

eine Menge von Pfaden, deren Redundanz man vermutet. Ersetzt man diese durch

q_i: **condition** reg_Ausdr$_i$ **end** $(i = 1, \ldots, n)$,

so überprüft das PATSY-System bei der *Simulation* (partiell) und in der *Lebendigkeitsanalyse* (vollständig), ob diese Bedingungen durch die verbleibenden Pfade impliziert werden (vgl. das Datenübertragungsprotokoll in Abschnitt 7.2). Die resultierende Aussage ist eine Teilmengenaussage. Durch Umkehrung der Richtung kann man also die *Verhaltensäquivalenz* zweier verschiedener Spezifikationen nachweisen.

6.3 Automatische Verifikation von Lebendigkeitseigenschaften

In diesem Abschnitt diskutieren wir exemplarisch zwei Probleme, die bei der automatischen Verifikation von Lebendigkeitseigenschaften gelöst werden müssen.

Die Lebendigkeitsanalyse selbst erfolgt — wie bereits angedeutet — mit bekannten graphen- bzw. automatentheoretischen Methoden. Dabei besteht die Hauptschwierigkeit oft weniger darin, zu prüfen, ob das System ein bestimmtes Korrektheitskriterium erfüllt, als vielmehr darin, dem Benutzer die Verletzung eines solchen Kriteriums in *verständlicher* Form mitzuteilen. Die Mitteilung darf sich nämlich nur auf das (PATSY-)Quellprogramm selbst, nicht auf die interne Struktur und die Zustände der Automaten bzw. die Knoten und Kanten der Graphen beziehen.

Wir erläutern dies am Beispiel von Verklemmungen. Verklemmungen werden als Systemzustände entdeckt, in denen kein weiteres Ereignis stattfinden kann. Jeder Verklemmung ist ein Tupel von Prozeß- bzw. Pfadzuständen zugeordnet, denen jeweils bestimmte Mengen von Programmstellen entsprechen. Die Angabe dieser Programmstellen allein ist für den Benutzer jedoch wenig hilfreich; es ist ihm meist rätselhaft, wie das System überhaupt in den betreffenden Zustand gelangen kann.

Alternativ kann man Verklemmungszustände durch reguläre Ausdrücke darstellen, die all jene Ereignisfolgen beschreiben, die in diese Zustände führen. Eine entsprechende Rückübersetzung endlicher Automaten in reguläre Ausdrücke ist zwar im Prinzip möglich und wurde auch praktisch erprobt. Die resultierenden Ausdrücke sind aber — auch nach Vereinfachung — riesig und nicht lesbar.

Als sinnvollste, für den Benutzer verständlichste Lösung kristallisiert sich die folgende heraus: Bei zustandsbezogenen Mitteilungen gibt das PATSY-System exemplarisch *eine* kürzeste parallele Ereignisfolge *u* an, die zu dem entsprechenden Systemzustand führt, in Termen von Abschnitt 2.2 also einen Repräsentanten der Äquivalenzklasse [*u*]. Zusätzlich wird für alle Pfade die Projektion von *u* auf das jeweilige Alphabet angegeben; dieser kann man entnehmen, ob und auf welche Weise der Pfad am Entstehen der Situation beteiligt ist.

Abbildung 6.2 zeigt als Beispiel einen Teil der Ergebnisse der Lebendigkeitsanalyse für das folgende Programm:

ErzeugerVerbraucher: **program**
  Erzeuger[1..2]: **process** *[erzeugt; sendet]* ; endet **end**;
  Verbraucher[1..2]: **process** *[empfängt; verbraucht]* ; endet **end**;
  RendezVous: **path** *[sendet===empfängt]* **end**;
end.

Da Erzeuger und Verbraucher unkoordiniert anhalten können, verklemmt das System, wenn beide Verbraucher terminiert, aber wenigstens ein Erzeuger etwas produziert hat. Dies ist Abbildung 6.2 deutlich zu entnehmen.

```
STATE 7      FROM 1 BY Verbraucher[1].endet
             FROM 2 BY Verbraucher[2].endet
             FROM 3 BY Erzeuger[1].endet
             FROM 5 BY Erzeuger[2].erzeugt
             THIS IS A DEADLOCK STATE OF THE SYSTEM.
PROCESS      Verbraucher[1] HAS TERMINATED AFTER endet
PROCESS      Verbraucher[2] HAS TERMINATED AFTER endet
PROCESS      Erzeuger[1] HAS TERMINATED AFTER endet
PROCESS      Erzeuger[2] AFTER erzeugt
             EVENT sendet IS BLOCKED BY PATH RendezVous
             RENDEZVOUS sendet==Erzeuger[1].empfängt
             IS DENIED BY Erzeuger[1]
             RENDEZVOUS sendet==Erzeuger[2].empfängt
             IS DENIED BY Erzeuger[2]
PATH         RendezVous AFTER NOTHING
             RENDEZVOUS *.sendet==*.empfängt IS ACCEPTABLE
```

Abbildung 6.2: Auszug aus den Ergebnissen der Lebendigkeitsanalyse für ein Erzeuger-Verbraucher-Problem, bei dem sowohl die Erzeuger als auch die Verbraucher unkoordiniert anhalten können.

Auch bei einem in kleine Moduln zerlegten parallelen System ist die Lebendigkeitsanalyse oft sehr aufwendig. Der Grund hierfür ist die immanente kombinatorische Komplexität des Problems: Ein Modul mit k Pfaden und Schnittstellenprozessen mit jeweils z Zuständen kann bis zu z^k Zustände haben; und leider tritt dieser Fall in der Praxis durchaus ein.

Glücklicherweise kann die Anzahl der zur Überprüfung von Lebendigkeitseigenschaften zu untersuchenden Systemzustände oft drastisch reduziert werden. Hierzu wird das folgende Prinzip verwandt: Ist $LE(z)$ ein zustandsbezogen formuliertes Lebendigkeitsprädikat, so kann man Äquivalenzrelationen

$\approx_{LE} \subset Z \times Z$ auf den Zuständen betrachten, für die gilt:

$$z \approx_{LE} z' \quad \supset \quad LE(z) \equiv LE(z')$$

Es muß dann nur ein Repräsentant jeder Äquivalenzklasse bzgl. $\approx_{LE}$ effektiv gebildet und auf LE hin geprüft werden.

Natürlich muß die Zugehörigkeit eines Zustands zu einer solchen Äquivalenzklasse effektiv und kostengünstig bestimmbar sein. Das PATSY-System nutzt hierzu syntaktisch erkennbare Symmetrien zwischen den Prozeßobjekten. Eine Menge $\{po_1, \ldots, po_n\}$ von Prozeßobjekten heißt *syntaktisch symmetrisch*, wenn sie vom gleichen Typ sind, und wenn ihre Bezeichner nicht qualifizierend in Pfaden auftreten. Natürlich sind mächtigere Definitionen syntaktischer Symmetrie möglich; ihre Bestimmung ist dann aber entsprechend aufwendiger.

Symmetrische Prozeßobjekte sind, bezogen auf lokale Lebendigkeitseigenschaften, gleichwertig. Ist ein System z.B. nicht lokal adäquat, weil in einem bestimmten Zustand z ein Ereignis $po_i.e$ eines der po_i für immer ausgeschlossen ist, so gibt es für jedes po_j einen Zustand z', der $po_j.e$ für alle Zeiten ausschließt.

Allgemein ist die maximale Anzahl der Zustände einer symmetrischen Menge $\{po_1, \ldots, po_n\}$ von Prozeßobjekten mit jeweils z Zuständen zwar z^n, sie werden aber durch das PATSY-System zu $\binom{z+n-1}{z}$ Äquivalenzklassen zusammengefaßt.

Die Einsparung läßt sich an obigem Beispiel verdeutlichen. Die Erzeuger und Verbraucher bilden jeweils syntaktisch symmetrische Mengen. Bei $m = 10$ Erzeugern und $n = 10$ Verbrauchern mit je 3 Zuständen ergeben sich insgesamt 3^{20} Zustände, aber nur $\binom{12}{3}^2 = 4356$ lebendigkeitsrelevante Äquivalenzklassen.

Die Angabe einer Ereignisfolge, die in einen gewisse Bedingungen verletztenden Systemzustand führt, kann aus zwei Gründen unbefriedigend sein.

1. Die angegebene Ereignisfolge ist unter realen Zeitbedingungen sehr unwahrscheinlich. Andere, in den gleichen Zustand führende Ereignisfolgen sind viel wahrscheinlicher.

2. Der Benutzer assoziiert mit gewissen Ereignissen Operationen auf Variablen oder allgemein Betriebsmitteln. Er ist dann an den Werten dieser Daten bzw. dem Zustand der einzelnen Betriebsmittel interessiert, muß diese Angaben jedoch erst mühsam aus der Ereignisfolge rekonstruieren.

Das erste Problem ließe sich dadurch lösen, daß der Benutzer in der Spezifikation Angaben über Wahrscheinlichkeiten, mit denen die Alternativen bei nichtdeterministischer Auswahl eintreten können, und über die reale Zeitdauer der Operationen — ggf. auch in Form einer statistischen Verteilung — macht. Statt einer von der Länge her kürzesten könnte das PATSY-System dann eine wahrscheinlichste oder auch eine zeitlich kürzeste Ereignisfolge angeben. Ein probabilistischer Ansatz würde es auch ermöglichen, die Wahrscheinlichkeit einer Verletzung der Spezifikation in Relation zur Ausfallwahrscheinlichkeit der Hardware zu setzen und ggf. zu tolerieren.

Das zweite Problem erfordert eine Erweiterung der Spezifikationssprache um Konzepte wie Variable oder Betriebsmittel mit den zugehörigen Operationen. Allerdings muß man sich auf Variable mit beschränktem Wertebereich bzw. Betriebsmittel mit endlich vielen Zuständen beschränken, um den Bereich der Entscheidbarkeit nicht zu verlassen.

7. SPEZIFIKATION PARALLELER SYSTEME

7.0 Überblick

In diesem Kapitel geben wir eine Reihe von Beispielen zur Spezifikation paralleler Systeme an. Wir verfolgen damit mehrere Ziele.

Zunächst wollen wir demonstrieren, *wie* man mit Pfadausdrücken spezifiziert, und wie man dabei bestimmte Lebendigkeitseigenschaften erzielen kann. Wenn Pfadausdrücke auch Spezifikationen auf verhältnismäßig abstrakter Ebene sind, so sind sie doch nicht immer auch einfach zu verstehen. Wir legen deshalb besonderen Wert darauf, vor allem das Zusammenwirken mehrerer Pfadausdrücke, die ja in gewissem Sinne konjunktiv verknüpft sind, zu erklären.

In der Literatur wird verschiedentlich versucht, mit Pfadausdrücken nicht nur Synchronisation zwischen Prozessen, sondern auch Eigenschaften der zugrundeliegenden Ablaufsteuerung zu beschreiben — z.B. Gerechtigkeit bei der Zuteilung von Betriebsmitteln (vgl. [Lauer79]). Wir halten das nicht für sinnvoll. Bestimmte Grundannahmen über die Ablaufsteuerung wie die in Abschnitt 2.2 beschriebene Gerechtigkeit bei der Prozessorzuordnung müssen in jedem Fall gemacht werden; sie sind in Termen von Pfaden nicht formulierbar.

Darüberhinausgehende Gerechtigkeit sehen wir nicht mehr als Eigenschaft einer Ablaufsteuerung, sondern als Eigenschaft des darauf implementierten Systems selbst.

Die Lebendigkeit eines parallelen Systems hängt stark von seiner Struktur ab. Unter Struktur sind dabei problemabhängige Beziehungen zu verstehen, in denen die Prozeßobjekte zueinander stehen. Wie wir an Beispielen zeigen, hängen Lebendigkeitsprobleme oft mit Asymmetrien in solchen Beziehungen zusammen.

Grundsätzlich können parallele Systeme in zwei Klassen eingeteilt werden, die auch die Gliederung diesen Kapitels bestimmen. Systeme *konkurrierender* Prozesse sind dadurch charakterisiert, daß die einzelnen Prozeßobjekte an verschiedenen Problemen arbeiten, und daß die Synchronisation zwischen ihnen höchstens die korrekte Benutzung gemeinsamer Betriebsmittel — meist unter zeitlichem Ausschluß — betrifft. Im Gegensatz dazu lösen *kooperierende* Prozesse ein gemeinsames Problem; sie tauschen zu diesem Zweck Daten über gemeinsame Variable, durch Nachrichten oder in Rendez-Vous aus. Ganz voneinander trennen kann man die beiden Klassen aber nicht. Kooperation beinhaltet immer auch zeitlichen Ausschluß, und auch konkurrierende Prozesse sind von gemeinsamen Daten, z.B. denen eines zugrundeliegenden Betriebssystems abhängig.

Alle in diesem Kapitel angegebenen Beispiele wurden mit dem PATSY-System überprüft.

7.1 Systeme konkurrierender Prozesse

Eines der wichtigsten Grundprobleme des Parallelismus besteht darin, zu erreichen, daß bestimmte Operationen einander zeitlich ausschließen. Typisch hierfür ist die gemeinsame Benutzung eines Betriebsmittels, auf das zu jedem Zeitpunkt höchstens ein Prozeßobjekt zugreifen darf, weil gleichzeitige oder zeitlich überlappende Zugriffe kein definiertes Ergebnis liefern.

Zeitlicher Ausschluß ist nicht immer symmetrisch; man denke etwa an die Leser-Schreiber-Probleme, bei denen zwar die Leser zeitlich überlappend lesen dürfen, eine Schreiboperation jedoch andere Schreib- und Leseoperationen ausschließt. Asymmetrien dieser Art sind typisch für Lebendigkeitsprobleme wie etwa das des *Verhungerns*: Die Leser dominieren die Schreiber derart, daß diese kaum noch oder überhaupt nicht mehr zum Schreiben kommen. Gibt man einfach den Schreibern Priorität, so handelt man sich das umgekehrte Problem ein; nun können die Leser verhungern, weil die Schreiber laufend schreiben.

Zeitlicher Ausschluß kann aber nicht nur zum Verhungern führen. Treten Ausschlußbedingungen geschachtelt auf, so können leicht *Verklemmungen* entstehen. Dies ist z.B. beim Bankiersproblem der Fall, bei dem die Vergabe von Krediten innerhalb gewisser Spielräume als geschachtelte Ausschlußbedingung aufgefaßt werden kann.

Noch komplexer wird die Situation, wenn die Prozeßobjekte nicht völig symmetrisch angeordnet sind, und die Ausschlußbedingungen mit dieser Anordnung interferieren. Typisch für Probleme dieser Art sind das Philosophenproblem von Dijkstra [Dijkstra71] und das Zigarettenraucherproblem von Patil [Patil].

Das Problem des *symmetrischen* zeitlichen Ausschlusses ist wie folgt spezifiziert:

symmetrischer_Ausschluß: **program**
  belegt, gibt_frei: **event**;
  Benutzer: **process class** *[belegt; gibt_frei]* **end**;
  Ausschluß: **path** *[belegt; gibt_frei]* **end**;
  end

Eine Menge *Benutzer*$_{1..n}$ von Prozessen greift auf ein Betriebsmittel zu; je zwei Zugriffe schließen einander zeitlich aus. Die Prozeßobjekte sind gleichberechtigt, und alle Zugriffsoperationen sind gleichartig. Das Verhalten des so spezifizierten Systems ist

$$B = \text{pref}(*[\text{ sel } i{:}1..n$$
$$\text{in } (Benutzer_i.belegt; \; Benutzer_i.gibt\_frei) \,]*) \; ;$$

eine nicht abbrechende alternierende Folge. Das System ist global permissiv (Definition 2.3) und verhungerungsfrei (Definition 2.8), also lebendig in einem sehr starken Sinne. Voraussetzung dazu ist allerdings die in Abschnitt 2.2 angegebene Eigenschaft einer gerechten Ablaufsteuerung. In [Lauer79] wird versucht, auch diese Eigenschaft durch Pfadausdrücke zu spezifizieren. Die Prozeßobjekte durchlaufen zu diesem Zweck selbständig eine Warteschlange; ein mit fester, von der Ablaufsteuerung nicht beeinflußbarer Geschwindigkeit ablaufender Hilfsprozeß sorgt dafür, daß sie in festen Zeitabständen vorrücken. Wir sind der Ansicht, daß das Konzept Pfadausdruck damit überstrapaziert wird; Pfadausdrücke dienen ja gerade dazu, von der realen Zeit und von implementierungstechnischen Einzelheiten zu abstrahieren.

Sind die Operationen, mit denen die Prozeßobjekte auf das Betriebsmittel zugreifen, unter Synchronisationsgesichtspunkten nicht gleichwertig, so gehen die angegebenen Lebendigkeitseigenschaften leicht verloren. Man sieht dies am Leser-Schreiber-Problem (vgl. [Courtois]), das zunächst folgende Spezifikation besitzt:

```
Leser_Schreiber_1: program
  liest, schreibt: event;
  Leser: process class *[ liest ]* end;
  Schreiber: process class *[ schreibt ]* end;
  Ausschluß[l:Leser]: path *[ l.liest / schreibt ]* end;
end
```

Für jeden Leser gibt es einen extra Pfadausdruck, der den zeitlichen Ausschluß seiner Leseoperation mit allen Schreiboperationen erzwingt.

Lesen und Schreiben sind hier Ereignisse, unteilbare Operationen ohne beobachtbare Zeitdauer. Insbesondere können Leseereignisse einander zeitlich nicht überlappen, sie können nur nacheinander oder gleichzeitig stattfinden. In dieser Formulierung impliziert die Spezifikation die gleichen Lebendigkeitseigenschaften wie bei symmetrischem Ausschluß.

Vor allem bei nicht elementaren, großen Variablen — z.B. ganzen Dateien — ist jedoch die Spezifikation unteilbaren Lesens und Schreibens nicht sinnvoll; sie erzwingt eine wenig effiziente Implementierung. Zweckmäßiger ist die folgende Spezifikation, in der Lesen und Schreiben teilbare, von einem Anfangs- und einem Endereignis geklammerte Operationen mit einer gewissen Dauer sind:

```
Leser_Schreiber_2: program
  anf_lesen, end_lesen, anf_schreiben, end_schreiben: event;
  Leser: process class *[ anf_lesen; end_lesen ]* end;
  Schreiber: process class *[ anf_schreiben; end_schreiben ]* end;
  Ausschluß[l:Leser]: path
  *[ l.anf_lesen; l.end_lesen
   / anf_schreiben; end_schreiben ]*
  end;
end
```

Das so spezifizierte System ist zwar immer noch global permissiv. Zwei —

oder allgemein $n > 1$ — Leser können nun aber die Schreiber für eine gewisse
Zeit oder auch für immer wie folgt hungern bzw. verhungern lassen:

```
Leser[1].anf_lesen;
*[ Leser[2].anf_lesen;
   Leser[1].end_lesen;
   Leser[1].anf_lesen;
   Leser[2].end_lesen ]*;
Leser[1].end_lesen
```

Um dies zu verhindern, kann man verbieten, daß Leser erneut mit dem Lesen
beginnen, sobald eine Schreibanforderung vorliegt.

```
Leser_Schreiber_3: program
  anf_lesen, end_lesen, anf_schreiben, end_schreiben,
  fordert_schreiben: event;
  Leser: process class *[ anf_lesen; end_lesen ]* end;
  Schreiber: process class
    *[ fordert_schreiben; anf_schreiben; end_schreiben ]*
  end;
  Ausschluß[l:Leser]: path
    *[ l.anf_lesen; l.end_lesen
     / anf_schreiben; end_schreiben ]*
  end;
  Vorrang[l:Leser]: path
    *[ l.anf_lesen
     / fordert_schreiben; anf_schreiben ]*
  end;
end
```

Das Verhungern verhindert man damit aber nicht! Diesmal sind es die Schreiber, die die Leser hungern lassen können:

Schreiber[1].fordert_schreiben;
Schreiber[1].anf_schreiben;
*[Schreiber[2].fordert_schreiben;
  Schreiber[1].end_schreiben;
  Schreiber[2].anf_schreiben;
  Schreiber[1].fordert_schreiben;
  Schreiber[2].end_schreiben;
  Schreiber[1].anf_schreiben]*;
Schreiber[1].end_schreiben

Man muß also auch noch überlappende Schreibanforderungen verbieten, sobald
Leseanforderungen vorliegen. Erst die folgende Spezifikation ist verhungerungsfrei:

Leser_Schreiber_4: **program**
  anf_lesen, end_lesen, anf_schreiben, end_schreiben,
  fordert_lesen, fordert_schreiben: **event**;
  Leser: **process class**
    [fordert_lesen; anf_lesen; end_lesen]
  end;
  Schreiber: **process class**
    [fordert_schreiben; anf_schreiben; end_schreiben]
  end;
  Ausschluß[l:Leser]: **path**
    *[l.anf_lesen; l.end_lesen
     / anf_schreiben; end_schreiben]*
  end;
  Anforderung: **path**
    *[fordert_lesen; anf_lesen
     / fordert_schreiben; anf_schreiben]*
  end;
end

Bei genauerem Hinsehen ergibt sich, daß wir die Anforderung selbst zu einem „Betriebsmittel" gemacht haben, das nun aber von allen Beteiligten symmetrisch benutzt wird.

Man kann hieraus ein allgemeines Prinzip ableiten, das Verhungern effektiv verhindert:

Ausschluß von Anforderungen

1. Vor dem Zugriff wird das Betriebsmittel durch ein entsprechendes Ereignis explizit angefordert.

2. Anforderungen schließen einander zeitlich aus.

3. Während das Betriebsmittel benutzt wird, sind jedoch Anforderungen erlaubt.

Die in [Courtois] angegebene Lösung des Leser-Schreiber-Problems beruht auf genau diesem Prinzip.

Bis jetzt haben wir nur ein einziges Betriebsmittel betrachtet. Sind mehrere gleichartige Betriebsmittel vorhanden, die von den Prozeßobjekten zeitlich überlappend benutzt werden, so entsteht eine neue Schwierigkeit, die wir an folgender Spezifikation studieren wollen.

```
Betriebsmittel: program
   fordert, belegt[1..m], gibt_frei[1..m]: event;
Benutzer: process class
   *[ sel gesamt:1..k
      in (seq j:1..gesamt in (fordert; sel belegt[1..m]);
         seq j:1..gesamt in sel gibt_frei[1..m]) ]*
end;
Ausschluss[j:1..m]: path *[belegt[j]; gibt_frei[j] ]* end;
Reihenfolge[k:2..m]: path
   *[ belegt[k-1];
      *[ belegt[k]; gibt_frei[k] ]*;
```

```
            gibt_frei[k-1] ]*
      end;
   end
```

Die Benutzer können jederzeit maximal k der m Betriebsmittel anfordern, auch wenn alle bereits belegt sind. Zu hohe Anforderungen führen dabei natürlich zu Verklemmungen. Die folgende Bedingung blockiert Anforderungen, sobald mehr als $m - k$ Betriebsmittel belegt sind:

```
   Schranke[r:m-k+1..m]: path
      *[ belegt[m]; gibt_frei[r] / fordert ]*
   end;
```

Die Analyse mit dem PATSY-System zeigt, daß damit Verklemmungen ausgeschlossen sind.

Bei den bisher betrachteten Problemen standen alle Betriebsmittel allen Prozeßobjekten gleichermaßen zur Verfügung. Diskstra's Philosophenproblem [Dijkstra71] zeichnet sich durch eine besondere, in o.a. Sinne asymmetrische Anordnung der Prozeßobjekte relativ zu den Betriebsmitteln aus; diese sind jeweils zwei bestimmten Prozeßojekten zugeordnet. Probleme dieser Art ergeben sich z.B. in Netzen; die Prozeßobjekte müssen sich darin die Netzleitungen teilen.

```
   Philosophen_1: program
      nimmt_li_Gabel, nimmt_re_Gabel,
      legt_li_Gabel_hin, legt_re_Gabel_hin: event;
   Phil[1..n]: process
      *[ nimmt_li_Gabel; nimmt_re_Gabel;
         legt_li_Gabel_hin; legt_re_Gabel_hin ]*
   end;
   Gabel[i:1..n]: path
      *[ ( Phil[i].nimmt_li_Gabel / Phil[i mod n + 1].nimmt_re_Gabel );
         ( Phil[i].legt_li_Gabel_hin / Phil[i mod n + 1].legt_re_Gabel_hin ) ]*
```

```
    end;
end
```

Bekanntlich verklemmt dieses System, wenn alle Philosophen gleichzeitig die
links von ihnen liegende Gabel ergreifen. Ändert man das Verhalten eines der
Philosophen zu

```
    Phil[i]': process
      *[ nimmt_re_Gabel; nimmt_li_Gabel;
         legt_re_Gabel_hin; legt_li_Gabel_hin ]*
    end ,
```

so ist eine solche Verklemmung nicht möglich [Owicki80]. Eine andere Lösung
besteht darin, nicht die „Gabeln", sondern die „Stühle" zu exklusiv benutzba-
ren Betriebsmitteln zu machen:

```
    Philosophen_2: program
      setzt_sich, steht_auf: event;
      Phil[1..n]: process *[ setzt_sich; steht_auf ]* end;
      Stuhl[i:1..n]: path
        *[ ( Phil[i].setzt_sich / Phil[i mod n + 1].setzt_sich);
           ( Phil[i].steht_auf / Phil[i mod n + 1].steht_auf ) ]*
      end;
    end
```

Für $n \geq 4$ kann es aber immer noch vorkommen, daß ein Philosoph verhungert,
weil seine Nachbarn ständig zeitlich überlappend essen. Wie beim Leser-
Schreiber-Problem läßt sich dies verhindern, indem man verlangt, daß jeder
Philosoph seinen Stuhl anfordert, bevor er ihn benutzt, und die Anforderungs-
phase zu einem kritischen Abschnitt macht.

```
    Philosophen_3: program
      fordert, setzt_sich, steht_auf: event;
      Phil[1..n]: process *[ fordert; setzt_sich; steht_auf ]* end;
      Stuhl[i:1..n]: path
```

```
    *[ ( Phil[i].setzt_sich / Phil[i mod n + 1].setzt_sich );
       ( Phil[i].steht_auf / Phil[i mod n + 1].steht_auf ) ]*
end;
Anfordern: path
    *[ sel i:1..n in ( Phil[i].fordert; Phil[i].setzt_sich ) ]*
end
end
```

Während bei $n = 4$ so z.B. zwei einander gegenübersitzende Philosophen essen, kann einer der übrigen seinen Stuhl ungehindert anfordern und diesen auch sicher belegen, bevor einer der Esser wieder an die Reihe kommt.

7.2 Systeme kooperierender Prozesse

Bei Ausschlußproblemen stehen die Prozeßobjekte miteinander im Wettbewerb; jedes möchte als erstes Zugriff auf das (abstrakte) Betriebsmittel haben. Im Gegensatz dazu steht bei Erzeuger-Verbraucher-Problemen meist eine Aufgabe im Vordergrund, an deren Lösung die Prozeßobjekte gemeinsam arbeiten.

Sie kommunizieren dabei in der Regel über Nachrichtenkanäle oder Puffer, die dazu dienen, Schwankungen in der Verarbeitungsgeschwindigkeit zu glätten und so insgesamt den Durchsatz zu erhöhen. Wir klassifizieren die Erzeuger-Verbraucher-Probleme deshalb zunächst nach der Anzahl der verwendeten Puffer. Als etwas komplexere Beispiele studieren wir zum Schluß das Zigarettenraucherproblem [Patil] und ein Datenübertragungsprotokoll.

Die Anzahl der Puffer, die zwischen Erzeugern und Verbrauchern liegen, beeinflußt nicht nur die Gesamtleistung eines Erzeuger-Verbraucher-Systems, sondern auch die erforderlichen Synchronisationskonzepte. Wir bilden deshalb drei Klassen:

1. kein Puffer, Synchronisation durch Rendez-Vous

2. eine feste, endliche Zahl von Puffern

3. unbeschränkt viele Puffer

Im folgenden gehen wir von einer Zweiteilung der Prozeßobjekte in Erzeuger und Verbraucher aus.

Ein Erzeuger-Verbraucher-System ohne Pufferung läßt sich wie folgt spezifizieren:

> Erzeuger_Verbraucher_0: **program**
>   erzeugt, sendet, empfängt, verbraucht: **event**;
>   Erzeuger: **process class** *[erzeugt; sendet]* **end**;
>   Verbraucher: **process class** *[empfängt; verbraucht]* **end**;
>   Rendezvous: **path** *[sendet==empfängt]* **end**;
> **end**

Da kein Puffer vorhanden ist, müssen Erzeuger und Verbraucher per Rendez-Vous miteinander kommunizieren. Sind alle Erzeuger annähernd gleich schnell, und gilt dies auch für die Verbraucher, so ist dies die konzeptuell einfachste Lösung; die jeweils schnellere Klasse muß ohnehin auf die langsamere warten. Variieren die Geschwindigkeiten, so läßt sich durch Pufferung insgesamt ein höherer Durchsatz erzielen.

> Erzeuger_Verbraucher_k: **program**
>   erzeugt, sendet[1..k], empfängt[1..k], verbraucht: **event**;
>   Erzeuger: **process class** *[erzeugt; **sel** sendet[1..k]]* **end**;
>   Verbraucher: **process class** *[**sel** empfängt[1..k]; verbraucht]* **end**;
>   Puffer[i:1..k]: **path** *[sendet[i]; empfängt[i]]* **end**;

end

Die Pufferung wirkt zweifach: Erstens können mehrere Erzeuger ihr Produkt ausliefern und sogleich mit der Erzeugung eines neuen beginnen. Zweitens kann auch ein einzelner schneller Erzeuger ungehindert weiterproduzieren, solange noch nicht alle Puffer belegt sind. Bestehen allerdings dauernde, systematische Geschwindigkeitsunterschiede zwischen Erzeugung und Verbrauch, so verfehlt die Pufferung ihren Zweck: Die Puffer sind dann fast ständig voll bzw. leer.

Die Verwendung von Puffern als gemeinsame Variable beinhaltet immer auch das Ausschlußproblem; denn eine Synchronisationsbedingung der Form

q: **path** *[e;f]* **end**

impliziert immer die Gültigkeit der Ausschlußbedingung

q': **path** *[e/f]* **end** .

Welche Konsequenzen hat es nun, wenn wir unbeschränkt viele Puffer vorsehen, also kein Erzeuger je auf einen leeren Puffer warten muß? Abgesehen von der Unmöglichkeit, eine solche Spezifikation zu implementieren, ergibt sich die Schwierigkeit, daß das Systemverhalten nicht mehr eine reguläre, sondern eine kontextfreie Menge wird. Eine Aufzählung aller Systemzustände ist damit nicht mehr möglich; selbst die Prädikatenlogik erster Stufe reicht im allgemeinen nicht mehr zum Korrektheitsnachweis aus. Man ist auf Induktion bzw. die noch zu besprechenden Beweisverfahren mittels Invarianten angewiesen, und die meisten Korrektheitseigenschaften werden unentscheidbar.

Abgesehen von dem implizit enthaltenen Ausschlußproblem läßt sich die Lebendigkeit von Erzeuger-Verbraucher-Systemen recht einfach untersuchen. Man betrachtet hierzu einen gerichteten Graphen, dessen Ecken die Prozeßobjekte, und dessen Kanten die Erzeuger-Verbraucher-Relation repräsentieren. Ist dieser Graph azyklisch, so ist das System a priori verklemmungsfrei.

Triviales Beispiel ist die fließbandartige Kooperation in folgendem System:

> Fließband: **program**
> > erzeugt, sendet[0..n], empfängt[0..n], verbraucht: **event**;
> > Erzeuger: **process** *[erzeugt; sendet[0]]* **end**;
> > Filter[i:1..n]: **process**
> >   *[empfängt[i-1]; sendet[i]]*
> > **end**;
> > Verbraucher: **process** *[empfängt[n]; verbraucht]* **end**;
> > Weitergabe[i:0..n]: **path** *[sendet[i]===empfängt[i]]* **end**;
> **end**

Ist der Graph jedoch zyklisch und sind die Prozeßobjekte deterministisch, so werden die auf Kreisen liegenden Prozeßobjekte nach kurzer Zeit blockiert. Nur bei nichtdeterministischen Prozeßobjekten, oder dann, wenn mehr als ein Produkttyp im Spiel ist, sind detailliertere Korrektheitsüberlegungen notwendig.

Das Zigarettenraucherproblem [Patil] ist eine typische Variante des Erzeuger-Verbraucher-Problems, bei der mehrere Produkttypen in nicht symmetrischer Weise erzeugt bzw. verbraucht werden.

> Raucher_1: **program**
>
> > {P=Papier, T=Tabak, S=Streichholz}
> > kommt, liefert_P, liefert_T, liefert_S,
> > kauft_P, kauft_T, kauft_S, raucht: **event**;
>
> > P_T_Vertreter: **process** *[kommt; liefert_P; liefert_T]* **end**;
> > T_S_Vertreter: **process** *[kommt; liefert_T; liefert_S]* **end**;
> > S_P_Vertreter: **process** *[kommt; liefert_S; liefert_P]* **end**;
>
> > P_Eigner: **process** *[kauft_T; kauft_S; raucht]* **end**;
> > T_Eigner: **process** *[kauft_S; kauft_P; raucht]* **end**;
> > S_Eigner: **process** *[kauft_P; kauft_T; raucht]* **end**;

```
P: path *[ liefert_P; kauft_P ]* end;
T: path *[ liefert_T; kauft_T ]* end;
S: path *[ liefert_S; kauft_S ]* end;

   Ausschluß: path *[ kommt; raucht ]* end;

end
```

In dieser Fassung verklemmt das System z.B. nach der Ereignisfolge

P_T_Vertreter.kommt; P_T_Vertreter.liefert_P; T_Eigner.kauft_P ,

lediglich das Ereignis *P_T_Vertreter.liefert_T* kann noch stattfinden. Auch der beim Philosophenproblem erwähnte Trick, die Reihenfolge für einer Vertreter oder Raucher umzukehren, hilft nicht weiter. Man muß entweder eine explizite Zuordnung zwischen Vertreter und Raucher herstellen — was gemäß der Originalproblemstellung ausgeschlossen ist —, oder die Raucher daran hindern, zuzugreifen, wenn erst ein Produkt geliefert ist. Wir tun dies, indem wir dem Kaufen zweier Produkte jeweils ein Ereignis *'fordert'* voranstellen:

```
Raucher_2: program
   kommt, liefert_P, liefert_T, liefert_S,
   fordert_P_T, fordert_T_S, fordert_S_P,
   kauft_P, kauft_T, kauft_S, raucht: event;

   P_T_Vertreter: process *[ kommt; liefert_P; liefert_T ]* end;
   T_S_Vertreter: process *[ kommt; liefert_T; liefert_S ]* end;
   S_P_Vertreter: process *[ kommt; liefert_S; liefert_P ]* end;

   P_Eigner: process *[ fordert_T_S; kauft_T; kauft_S; raucht ]* end;
   T_Eigner: process *[ fordert_S_P; kauft_S; kauft_P; raucht ]* end;
   S_Eigner: process *[ fordert_P_T; kauft_P; kauft_T; raucht ]* end;

   P: path *[ liefert_P; kauft_P ]* end;
   T: path *[ liefert_T; kauft_T ]* end;
   S: path *[ liefert_S; kauft_S ]* end;
```

Ausschluß: **path** *[kommt; raucht]* **end**;

Zuteilung: **path**

   *[liefert_P; liefert_T; fordert_P_T

   / liefert_T; liefert_S; fordert_P_S

   / liefert_S; liefert_P; fordert_S_T]*

end;

end

Als letztes Beispiel betrachten wir ein Protokoll zur Übertragung von Daten-paketen über unzuverlässige Leitungen [Bartlett]. Um die Übertragung sicherer zu machen, wird jedes zu sendende Paket mit einer Sequenznummer versehen; im Falle des 'alternating bit'-Protokolls abwechselnd mit 0 bzw. 1. Jedes empfangene Paket wird mit dieser Sequenznummer quittiert. Empfängt der Sender nach Ablauf einer gewissen Zeitspanne keine oder eine falsche Quittung, so stößt er die Übertragung erneut an. Der Empfänger nimmt Pakete mit ei-ner falschen Sequenznummer erst garnicht entgegen.

Das Beispiel demonstriert vor allem, wie man auch Echtzeitbedingungen for-mulieren kann. Wir führen zu diesem Zweck einen Prozeß *Uhr* ein. Beim Ab-senden eines Pakets setzt der *Sender* die Uhr in Gang; dann wartet er selektiv auf eine Quittung oder darauf, daß im *Uhr*-Prozeß eine bestimmte Anzahl von *Tick*-Ereignissen stattgefunden hat.

Protokoll: **program**

  max_zeit: **const** 5;

  max_seq_num: **const** 1;

  seq_num: **range** 0..1;

  erzeugt[seq_num],

  sendet_P[seq_num], empfängt_Q[seq_num],

  zeit_aus: **event**;

  Sender: **process**

```
   *[ seq s:seq_num
      in ( erzeugt[s]; sendet_P[s];
           *[ ( zeit_aus / empfängt_Q[(s+1) mod (max_seq_num+1)] ) ;
              sendet_P[s] ]* ;
           empfängt_Q[s] ) ]*
end;
```

Uhr: **process** *[tick]* **end**;

Zeit_Aus: **path**
```
  *[ sel s:seq_num
     in ( sendet_P[s];
          ( seq t:1..max_zeit-1 in [tick]
          / seq t:1..max_zeit in tick; zeit_aus ) ) ]*
end;
```

empfängt_P[seq_num], sendet_Q[seq_num],
verbraucht[seq_num]: **event**;

Empfänger: **process**
```
  *[ seq s:seq_num
     in ( *[ empfängt_P[(s+1) mod (max_seq_num+1)] ]* ;
          empfängt_P[s]; verbraucht[s]; sendet_Q[s] ) ]*
end;
```

nimmt_P_ab[seq_num], verliert_P[seq_num], übergibt_P[seq_num]: **event**;

Leitung: **process**
```
  *[ sel s:seq_num
     in ( nimmt_P_ab[s]; (verliert_P[s] / übergibt_P[s]) ) ]*
end;
```

P_Senden: **path**
```
  *[ sel s:seq_num in (sendet_p[s]==nimmt_P_ab[s]) ]*
end;
```
P_Empfangen: **path**

```
   *[ sel s:seq_num in (übergibt_P[s]===empfängt[p]) ]*
end;
```

{ Wir nehmen an, daß Quittungen ungestört übertragen werden. }
Quittung: **path**

```
   *[ sel s:seq_num in (sendet_Q[s]; empfängt_Q[s]) ]*
end;
```

Reihenfolge: **condition**

```
   *[ seq s:seq_num in (erzeugt[s]; verbraucht[s]) ]*
end;
```

    end.

Die Bedingung *Reihenfolge* legt das Korrektheitskriterium fest (vgl. Abschnitt 6.2): Die Pakete müssen in der Reihenfolge der Sequenznummern erzeugt und verarbeitet werden. Das PATSY-System prüft bei solchen Bedingungen, ob sie durch die übrigen Pfade impliziert werden oder nicht. Auf diese Weise kann man neben Lebendigkeitseigenschaften auch detailliertere Aussagen über das Verhalten eines Systems automatisch verifizieren.

8. AXIOMATISCHE VERIFIKATION PARALLELER SYSTEME

8.0 Überblick

Wir haben parallele Systeme bis jetzt hauptsächlich auf ihre Lebendigkeitseigenschaften hin untersucht. Dabei haben wir von Daten und Berechnungen abstrahiert. In diesem Kapitel untersuchen wir axiomatisch orientierte, auf [Hoare69] basierende Ansätze zur Verifikation, die sowohl die funktionale Korrektheit als auch Lebendigkeits- bzw. Terminierungseigenschaften mit ein und demselben Beweisschema behandeln [Owicki76a, Owicki76b, Lamport80, Francez78, Apt, Levin].

Grundsätzlich geht man dabei von einem Prädikat $INV(z)$ aus, das Aussagen über den Zustand z des Systems beinhaltet, und zeigt, daß sämtliche Zustandsübergänge $z \rightarrow_e z'$, also Operationen bzw. Ereignisse e, dieses Prädikat invariant lassen. Man bezeichnet ein solches Prädikat deshalb als *(globale) Invariante*.

Unter *Zustand* ist die Zuordnung von Variablen zu Werten zu einem bestimmten Zeitpunkt zu verstehen. Da nicht alle interessierenden Aussagen mit den im Programm explizit vorkommenden Variablen formuliert werden können, muß man — vor allem zum Nachweis von Lebendigkeitsaussagen — häufig Hilfsvariable [Owicki76a, Owicki76b, Apt] einführen, die aber nur Beweiszwecken dienen. Sie beeinflussen weder Funktion noch Ablauf des Programms, können also in der Implementierung ersatzlos gestrichen werden. Um dies zu betonen, nennen wir sie *virtuelle Variable*. Statt virtueller Variabler bzw. zusätzlich zu solchen kann man auch spezielle Prädikate verwenden, die Aussagen über den zeitlichen Ablauf der Berechnung beinhalten [Lamport80], oder man kann sich direkt auf die Zeit (im Sinne eines globalen Zählers) und die Programmzähler beziehen [Habermann72, Francez78, Lengauer, Lamsweerde].

Der Begriff *Zustandsübergang* bedarf noch der Erläuterung. Grundsätzlich geht man davon aus, daß zumindest Zugriffe auf gemeinsamen Speicher interferenzfrei, unteilbar sind. Häufig ist es aber auch notwendig, mehrere Anweisungen des Programms zu einem einzigen Zustandsübergang zusammenzufassen, weil innerhalb der Anweisungen die Invariante zeitweilig verletzt ist (vgl. die 'resource' bzw. 'monitor invariants' in [Hoare72, Clarke, Howard], die 'bracketed setions' in [Apt] und die 'atomic actions' in [Lamport80]). Dabei setzt man jedoch voraus, daß die Anweisungen höchstens eine zu synchronisierende Operation enthalten, aus der Sicht anderer Prozesse also als unteilbare Operation auffaßbar sind.

Insgesamt verwendet man, ausgehend von einem Anfangszustand z_0, ein Induktionsschema folgender Art:

$$\left(\text{INV}(z_0) \wedge \forall z \rightarrow z': \text{INV}(z) \supset \text{INV}(z') \right) \quad \supset \quad \forall z: \text{INV}(z)$$

Dieses Schema der *induktiven Zusicherungen* ist vom Beweis sequentieller Programme her vertraut, und hier wie dort besteht die Hauptschwierigkeit darin, eine geeignete Invariante zu bestimmen.

Invarianten können zu sehr umfangreichen Ausdrücken anwachsen; bei Aussagen über gemeinsame (virtuelle) Variable, zu denen ja auch die Programmzähler gehören, besteht die Gefahr einer kombinatorischen Explosion [Francez78], die dem menschlichen Verständnis und dem Einsatz automatischer oder interaktiver Verifikationssysteme rasch Grenzen setzt. Dies trifft auch für die automatische Herleitung von Invarianten — z.B. mit den in [Clarke, Lamsweerde] dargestellten Methoden — zu.

Wir konzentrieren uns in diesem Kapitel auf axiomatische Verifikationsmethoden für die Programmiersprache CSP ('communicating sequential processes' [Hoare78a]). Diese Sprache wurde eigens zur Erforschung von Programmier- und Beweismethodologie entwickelt, hat Rendez-Vous als einziges Synchronisationskonzept und eignet sich vor allem zur Beschreibung verteilter oder objektorientierter Systeme. Die Semantik von CSP wurde vielfach untersucht und in fast allen bekannten Semantiktheorien formalisiert, denotational in [Cousot], basierend auf Prädikatenumformung in [Hehner, Brookes83a], mit der Wiener Methode in [Folkjaer], schließlich axiomatisch in [Levin, Apt, Francez80]. Wir konzentrieren uns auf den axiomatischen Ansatz; er scheint uns der praktisch brauchbarste zu sein.

Zunächst gehen wir kurz auf eine axiomatische Definition der Semantik der nichtsequentiellen Sprachkonstrukte von CSP ein. Dann diskutieren wir Methoden zum Nachweis von Lebendigkeitseigenschaften.

8.1   Axiomatische Definition von CSP

In diesem Abschnitt studieren wir die in [Apt] angegebene axiomatische Definition der Semantik der nichtsequentiellen CSP-Sprachkonstrukte. Es stellt sich dabei heraus, daß es sehr schwierig ist, ein *vollständiges* System von Beweisregeln zu entwickeln, ein System also, das den Beweis sämtlicher wahrer Aussagen, die man über ein Programm machen kann, ermöglicht.

Typische CSP-Prozesse kommunizieren über Rendez-Vous statt über gemeinsame Variable; Variable, die von einem Prozeß geändert werden, dürfen von anderen Prozessen nämlich garnicht benutzt werden. Das Konzept der *Interferenzfreiheit* [Owicki76a, Owicki76b] ist also zum Beweis von CSP-Programmen weniger geeignet.

In [Francez78] werden deshalb sogenannte *Schnittstellenprädikate* eingeführt; in [Apt] (und ähnlich auch in [Levin]) wird dies zu einem Schema *Kooperierender Beweise* verallgemeinert. Die Grundidee besteht darin, den Beweis eines Programms in zwei Teile zu zerlegen. Zunächst weist man die Korrektheit der einzelnen sequentiellen Prozesse nach; die dabei benötigten Annahmen über kommunizierte Daten werden explizit als Vor- bzw. Nachbedingungen der entsprechenden Kommunikationsanweisungen formuliert. Dann fügt man die Einzelbeweise mithilfe geeigneter Beweisregeln zum Gesamtbeweis zusammen.

Die Hauptschwierigkeit dabei ist, daß die Beweise an den „richtigen Stellen", d.h. an solchen Rendez-Vous zusammengesetzt werden müssen, die dynamisch auch tatsächlich stattfinden. Die hierzu benötigte Information über den Ablauf der einzelnen Prozesse kann man im Prinzip in Termen ihrer Programmzähler formulieren [Clarke, Lamsweerde, Francez78]. Meist ist es jedoch eleganter, zu diesem Zweck geeignete, virtuelle Variable einzuführen, die z.B. nur zählen, wie oft eine bestimmte Kommunikationsanweisung ausgeführt wurde.

Die Aussagen, die den dynamischen Ablauf beschreiben, nimmt man in das die funktionale Korrektheit beschreibende invariante Prädikat INV mit auf. Es gelingt allerdings i.a. nicht, die Invariante global, in sämtlichen

Programmzuständen zu erhalten. Anweisungen, die virtuelle Variable ändern, müssen oft unteilbar mit Kommunikationsanweisungen zusammengefaßt werden (vgl. die 'bracketed sections' in [Apt]). Wir sprechen deshalb von *virtuellen Anweisungen* a, b, die wir der Klarheit halber in der Form

$$p :: \cdots {}_a q!x_b \cdots$$

notieren.

Zunächst geben wir die für den sequentiellen Teil des Beweises benötigten Regeln an. K bezeichnet eine beliebige Kommunikationsanweisung ${}_a p!x_b$ oder ${}_a q?y_b$.

$$\frac{P \wedge B_i\{K_i\}Q_i, \quad Q_i\{S_i\}R \quad (i = 1, \ldots, n)}{P\{[\,[\!]\,{}^n_{i=1} B_i; K_i \to S_i]\}R} \tag{8.1}$$

$$\frac{P \wedge B_i\{K_i\}Q_i, \quad Q_i\{S_i\}P \quad (i = 1, \ldots, n)}{P\{*[\,[\!]\,{}^n_{i=1} B_i; K_i \to S_i]\}P} \tag{8.2}$$

$$P\{p?x\}Q \tag{8.3}$$

$$P\{p!x\}Q \tag{8.4}$$

Man beachte, daß Regel 8.2 im Gegensatz zum üblichen Schleifenaxiom keine Schlüsse über die Gültigkeit der Bedingungen am Schleifenende erlaubt. Solche Aussagen kann man zwar mittels geeigneter virtueller Variabler gewinnen, vollständig wird das Beweissystem aber erst, wenn man Regel 8.2 durch die allgemeinere Regel 8.8 ersetzt.

Die Regeln für $p!x$ und $q?y$ erscheinen auf den ersten Blick befremdend; erlauben sie doch, Beliebiges zu schließen. Unter der Einschränkung, daß in dem Prozeß, in dem sie abgewandt werden, nicht auf Variable anderer Prozesse Bezug genommen werden darf, bleibt aber zunächst garnichts anderes übrig. Das

korrekte Zusammenwirken der Prozesse muß auf eine andere Weise sichergestellt werden.

Die Bedingung, die man beim Zusammensetzen der sequentiellen Beweise ein-
halten muß, lautet:

Definition 8.1 [Apt]: Die Beweise $P_i\{p_i::S_i\}Q_i$ *kooperieren relativ zu der*
Invarianten INV, wenn für je zwei zusammenpassende Kommunikationsanweisungen

$$p:: \cdots {}_aq!x_b \cdots \quad \text{und} \quad q:: \cdots {}_{a'}p?y_{b'} \cdots$$

mit Vor- und Nachbedingungen der Form $P\{{}_aq!x_b\}Q$ bzw. $P'\{{}_{a'}p?x_{b'}\}Q'$

$$P \wedge P' \wedge \text{INV}\,\{{}_aq!x_b \,\|\, {}_{a'}p?y_{b'}\}\,Q \wedge Q' \wedge \text{INV}$$

gilt.

Zum Beweis des Gesamtprogramms dienen dann folgende Regeln:

$$\textbf{true}\,\{q!x \,\|\, p?y\}\,x = y \tag{8.5}$$

$$\frac{\textit{Die Beweise } P_i\{p_i\}Q_i \quad (i=1,\ldots,n) \quad \textit{kooperieren bzgl. } \text{INV}}{\bigwedge_{i=1}^{n} P_i \wedge \text{INV}\,\{[p_1\| \cdots \|p_n]\}\,\bigwedge_{i=1}^{n} Q_i \wedge \text{INV}} \tag{8.6}$$

Nur in diesen Regeln darf auf Variable mehrerer Prozesse Bezug genommen
werden.

Die Kooperationsbedingung aus Definition 8.1 definiert zusammen mit der Regel 8.5 die Wirkung von Kommunikationsanweisungen. Deshalb muß man im
sequentiellen Teil des Beweises bei Anwendung der Regeln 8.3 und 8.4 die
scheinbar willkürlich wählbare Nachbedingung Q so fassen, daß man wirklich
Kooperation erhält.

Das folgende Beispiel illustriert diese Konzepte.

Beispiel 8.1: Zu zeigen ist:

$$\{\textbf{true}\}$$
$$[\quad p::[q!1 \rightarrow \textbf{skip} \; [\!] \; q?x \rightarrow q!2]$$
$$\|\; q::p?y \quad]$$
$$\{y = 1\}$$

Relativ zu **true** können die Beweise der beiden Prozesse nicht kooperieren, die Kooperationsbedingung ist für das Rendez-Vous $q!2 \,\|\, p?y$, für das man als Nachbedingung ja $\{y = 2\}$ benötigt, verletzt. Wir führen deshalb eine virtuelle boolesche Variable u ein und „instrumentieren" p wie folgt:

$$p::[q!1 \rightarrow \textbf{skip} \; [\!] \; q?x_{u:=\textsf{false}} \rightarrow q!2]$$

Als Invariante eignet sich INV $\equiv u$. Mittels Regel 8.6 kann man $\{u\}p \,\|\, q\{y = 1\}$ schließen, indem man $\{u\}q\{y = 1\}$ sowie Kooperation zeigt. Der Beweis von q ist wegen Regel 8.3, die ja beliebige Nachbedingungen zuläßt, trivial. Zum Nachweis der Kooperation benötigt man im Beweis von p die Zusicherung:

$$p::[q!1 \rightarrow \textbf{skip} \; [\!] \; q?x_{u:=\textsf{false}} \rightarrow \{\neg u\}q!2]$$

Für das o.a., „unmögliche" Rendez-Vous $q!2 \,\|\, p?y$ gilt dann

$$\{\text{INV} \wedge \neg u\} \supset \{\textbf{false}\}q!2 \,\|\, p?y\{\text{INV} \wedge y = 1\}$$

trivial; für das stattfindende Rendezvous $q!1 \,\|\, p?y$ hat man hingegen

$$\{\text{INV} \wedge u\}q!1 \,\|\, p?y\{\text{INV} \wedge y = 1\}$$

wegen Regel 8.5. ■

Das Beispiel macht deutlich, daß man *alle*, auch die dynamisch garnicht möglichen Rendez-Vous, in der Invarianten berücksichtigen muß.

8.2 Beweis von Lebendigkeitseigenschaften

In diesem Abschnitt geben wir einen kurzen Überblick über axiomatische Techniken zum Nachweis von Lebendigkeitseigenschaften von CSP-Programmen. Das Prinzip läßt sich wie folgt beschreiben: Man führt virtuelle Variable und Zusicherungen so ein, daß in blockierten Situationen die Vorbedingungen der entsprechenden Kommunikationsanweisungen zusammen mit einer globalen Invarianten zum Widerspruch führen. Daraus schließt man, daß die blockierte Situation dynamisch nicht auftreten kann.

Wann ist ein CSP-Prozeß blockiert? Notwendig ist, daß er am Anfang einer Schleife oder Auswahl-Anweisung mit wenigstens einer wahren Boole'schen Bedingung steht, und daß die zu wahren Boole'schen Bedingungen gehörigen Kommunikationsanweisungen sich auf Prozesse beziehen, die noch nicht terminiert, aber auch nicht kommunikationswillig sind, weil sie entweder „etwas anderes tun" oder auf andere Kommunikation warten. Der erste Fall — der Partner ist anderweitig beschäftigt — ist schwer zu erkennen; man weiß nicht, ob er nach einer Weile kommunikationswillig werden wird oder nicht. Man muß deshalb grundsätzlich Terminierung der vorhandenen Schleifen in die Betrachtung einbeziehen, zumindest dann, wenn man an der Lebendigkeit einzelner Prozesse interessiert ist.

Wir beschäftigen uns im folgenden nur mit Verklemmungen des Gesamtsystems.

Definition 8.2: Ein *Kommunikationszustand* eines CSP-Programms mit n Prozessen ist ein n-Tupel $k = <k_1, \ldots, k_n>$, wobei k_i entweder eine nicht-leere Menge von Kommunikationsanweisungen des i-ten Prozesses oder das Symbol τ_i ist. Im ersten Fall wartet der Prozeß vor einer Auswahl-Anweisung oder Schleife, in der einige der Boole'schen Bedingungen wahr sind; τ_i gibt an, daß er bereits terminiert ist. Ein Kommunikationszustand heißt *verklemmt*, wenn es in ihm kein passendes Paar von Kommunikationsanweisungen, aber wenigstens einen noch nicht terminierten Prozeß gibt.

Die Existenz verklemmter Kommunikationszustände ist notwendige, aber natürlich nicht hinreichende Bedingung für die Existenz von Verklemmungen, wie folgendes Beispiel zeigt.

Beispiel 8.2: Das augenscheinlich verklemmungsfreie Programm

$$[\quad p::q!x$$
$$\|\quad q::[p?y \to r!y]$$
$$\|\quad r::q?z\quad]$$

hat die folgenden sieben verklemmten Kommunikationszustände:

$$<\{q!x\}, \tau_q, \tau_r>$$
$$<\{q!x\}, \{r!y\}, \tau_r>$$
$$<\{q!x\}, \tau_q, \{q?z\}>$$
$$<\tau_p, \{p?y\}, \tau_r>$$
$$<\tau_p, \{p?y\}, \{q?z\}>$$
$$<\tau_p, \{r!y\}, \tau_r>$$
$$<\tau_p, \tau_q, \{q?z\}>$$

■

Um die Lebendigkeit eines CSP-Programms zu beweisen, bildet man nun zu jedem Kommunikationszustand k ein Prädikat

$$P(k) \equiv \wedge_{i=1}^{n} P_i \ ,$$

wobei P_i entweder die Vorbedingungen der Schleife bzw. Auswahlanweisung beschreibt, in der k_i auftritt, oder, falls $k_i = \tau_i$, die Nachbedingung des $i-ten$ Prozesses ist. Genauer ist P_i wie folgt definiert (vgl. [Apt]): Ist

$$[\,[]_{j=1}^{n} B_j; K_j \to S_j]$$

eine Auswahl-Anweisung bzw.

$$*[\,[]_{j=1}^{n} B_j; K_j \to S_j]$$

eine Schleife des i-ten Prozesses, $J \subset \{1, \ldots, n\}$, und ist $k_i = \{K_j \,|\, j \in J\}$, so ist

$$P_i \equiv P \wedge \bigwedge_{j \in J} B_j \wedge \bigwedge_{j \notin J} \neg B_j \ . \tag{8.7}$$

Betrachten wir nun den Beweis eines Programms mit der globalen Invarianten INV. Es ist dann klar, daß in jedem Kommunikationszustand k $P(k) \wedge \text{INV}$ gelten muß. Daraus ergibt sich eine hinreichende Bedingung für Verklemmungsfreiheit:

Satz 8.1 [Apt]: Ein CSP-Programm ist verklemmungsfrei relativ zu der Invarianten INV, wenn für jeden verklemmten Kommunikationszustand k

$$\neg P(k) \wedge \text{INV}$$

gilt.

Zum Nachweis der Verklemmungsfreiheit muß man also die Invariante INV und die in dem Prädikat $P(k)$ enthaltenen Schleifen- bzw. Auswahlbedingungen so formulieren, daß sich für jeden blockierten Kommunikationszustand ein Widerspruch ergibt.

Beispiel 8.3: Wir betrachten das Programm aus Beispiel 8.2, in dem drei Prozesse fließbandartig kooperieren. Ergänzt um entsprechende virtuelle Anweisungen ergibt sich folgender Lebendigkeitsbeweis:

$$[\quad p :: \{\neg a\}[q!x_{a:=\text{true}} \rightarrow \textbf{skip}]\{a\}$$
$$\| \quad q :: \{\neg b \wedge \neg c\}[p?y_{b:=\text{true}} \rightarrow \{b \wedge \neg c\}[r!y_{c:=\text{true}} \rightarrow \textbf{skip}]]\{b \wedge c\}$$
$$\| \quad r :: \{\neg d\}[q?z_{d:=\text{true}} \rightarrow \textbf{skip}]\{d\} \quad]$$

Als Invariante eignet sich $\text{INV} \equiv a = b \wedge c = d$. Die Prozesse kooperieren dann bzgl. INV; man kann damit aber lediglich $\{\textbf{true}\}[p \| q \| r]\{\textbf{true}\}$ zeigen. (Zum Nachweis der funktionalen Korrektheit, an der wir hier aber nicht interessiert sind, würde man weitere virtuelle Variable und eine stärkere Invariante benötigen.) Jeder der in Beispiel 8.2 angegebenen verklemmten Kommunikationszustände verletzt nun die angegebene Invariante. Für $k = <\{q!x\}, \tau_q, \tau_r>$ gilt z.B. $P(k) \equiv \neg a \wedge b \wedge c \wedge d$; $\text{INV} \wedge P(k)$ ist also widersprüchlich. ∎

Die bisher auf Lebendigkeit untersuchten Programme enthielten noch keine Schleifen. Daß diese Schwierigkeiten bereiten, sieht man an dem folgenden einfachen Beispiel.

Beispiel 8.4: Das CSP-Programm

$$[\quad p::[q!x \rightarrow \mathbf{skip}]$$
$$\| \quad q::*[p?y \rightarrow \mathbf{skip}] \quad]$$

ist sichtlich verklemmungsfrei. Die Schleife in q wird genau einmal ausgeführt; dann terminieren beide Prozesse. Der einzige verklemmte Kommunikationszustand ist $k = <\{q!x\}, \tau_q>$. Da Regel 8.2 im Gegensatz zum üblichen Schleifenaxiom aber keine Rückschlüsse auf den Grund für die Terminierung einer Schleife zuläßt, kann man für q keine Nachbedingung finden, mit der man eine globale Invariante widerlegen könnte. ∎

Man führt deshalb für jedes Paar p, q verschiedener Prozesse ein Prädikat T_q^p ein, das zum Ausdruck bringt, daß der Prozeß q (aufgrund eines vergeblichen Kommunikationsversuchs) „weiß", daß der Prozeß p terminiert ist. Für Schleifen mit Kommunikation kann man dann folgende Regel formulieren:

$$\frac{P \wedge B_i\{K_i\}Q_i, \quad Q_i\{S_i\}P \quad (i = 1, \ldots, n)}{P\{*[\,[]\,_{i=1}^{n}\,B_i;K_i \rightarrow S_i]\}P \wedge \wedge_{i=1}^{n}(\neg B_i \vee T_{q_i}^{p})} \tag{8.8}$$

Dabei bezeichnet q_j den in der Kommunikationsanweisung K_j angesprochenen Prozeß, und p den Prozeß, der die Schleife enthält.

Die Prädikate T_q^p werden natürlich meist in der globalen Invarianten INV verwendet. Da sie sich beim Verlassen einer Schleife ändern können, muß die Bedingung für die Kooperation bzgl. INV (Definition 8.1) weiter verschärft werden (vgl. [Apt]):

Definition 8.3: Die Beweise $P_i\{p_i::S_i\}Q_i$ *kooperieren terminierend relativ zu der Invarianten* INV wenn sie relativ zu INV kooperieren, und wenn zusätzlich gilt: Ist

$$p :: \cdots *[\, [] \,_{i=1}^{r}\, B_i; K_i \rightarrow S_i]\{Q\} \cdots$$

eine Schleife im Beweis zu Prozeß p mit der Nachbedingung Q, $J \subset \{1, \ldots, n\}$, und Π die Menge der in den K_j $(j \in J)$ angesprochenen Prozesse, so gilt

$$\wedge_{q \in \Pi} \mathbf{post}(q) \wedge P_p \wedge \mathrm{INV} \supset Q \wedge \mathrm{INV} \,|_{\mathrm{T} \rightarrow \mathbf{true}} \,.$$

Dabei bezeichnet $\mathbf{post}(q)$ die Nachbedingungen der Prozesse $q \in \Pi$, P_p das Prädikat aus (8.7) und $X |_{\mathrm{T} \rightarrow \mathbf{true}}$ die Aussage, die aus X entsteht, wenn man darin die Prädikate T_q^p durch $\mathbf{true}$ ersetzt. Wenn ein Prozeß p also eine Schleife mit Kommunikationsanweisungen verläßt und dabei die Prädikate T_q^p wahr werden, so bleibt die Invariante erhalten und die Nachbedingung der Schleife wird gültig.

Mit diesen Regeln kann man nun endlich die Verklemmungsfreiheit des Programms aus Beispiel 8.4 beweisen.

Beispiel 8.5: Wir betrachten folgende Einzelbeweise:

$$p :: \{\neg a\} [q!x_{a := \mathbf{true}} \rightarrow \mathbf{skip}]\{a\}$$
$$q :: \{\neg \mathrm{T}_p^q\} *[p?y \rightarrow \mathbf{skip}]\{\mathrm{T}_p^q\}$$

Beim Beweis von q wird die Regel 8.8 benutzt. Eine mögliche Invariante ist $\mathrm{INV} \equiv \mathrm{T}_p^q \supset a$. Die neue Kooperationsbedingung ist mit ihr erfüllt, es gilt

$$a \wedge \neg\, \mathrm{T}_p^q \wedge \mathrm{INV} \supset \{\mathrm{T}_p^q \wedge \mathrm{INV}\}_{\mathrm{T} \rightarrow \mathbf{true}} \Longleftrightarrow$$
$$a \wedge \neg\, \mathrm{T}_p^q \wedge \mathrm{INV} \supset \mathbf{true} \wedge \mathrm{INV} \,,$$

und letzteres ist natürlich wahr. Der verklemmte Kommunikationszustand $k = <\{q!x\}, \tau_q>$ hat aber gemäß (8.7) das Prädikat $P(k) \equiv \neg a \wedge \mathrm{T}_p^q$, das der Invarianten INV widerspricht. ∎

Lebendigkeitsnachweise erfordern also weitaus kompliziertere Techniken als Beweise partieller Korrektheit. Die totale Korrektheit realistisch großer paralleler Programme kann deshalb — wenn überhaupt — nur mit Unterstützung eines automatischen Beweissystems gezeigt werden; anderenfalls ist der Beweis fehlerträchtiger als das Programm selbst.

Aber auch bei Rechnerunterstützung wird der Umfang der zu manipulierenden Ausdrücke zum Problem. Versucht man, die angegebene Methode auf ein System mit n Prozessen anzuwenden, so muß man im allgemeinen wenigstens 2^n, also exponentiell viele Kommunikationszustände betrachten und in der Invariante berücksichtigen: Jeder Prozeß kann terminiert sein oder nicht. Dies trifft besonders auch für die in [Lamport77a, Owicki80] dargestellten, auf feinster zeitlicher Verzahnung und Interferenzfreiheit beruhenden Beweismethoden zu; sie verwenden ebenfalls Prädikate der Form

$$\text{INV} \wedge \mathbf{prae}(S_{1j_1}) \wedge \cdots \wedge \mathbf{prae}(S_{nj_n}) \, ,$$

wobei die S_{ij_i} alle Anweisungen des i-ten Prozesses durchlaufen, an denen dieser durch Synchronisation oder Kommunikation blockiert werden kann ($\mathbf{prae}(S)$ bezeichnet die Vorbedingung der Anweisung S).

Praktisch durchführbar werden solche Beweise wohl erst dann, wenn es gelingt, das Gesamtsystem so in Moduln zu zerlegen, daß der Umfang der die Schnittstellen beschreibenden Prädikate von der (in Prozessen gemessenen) Systemgröße unabhängig wird. Das Konzept von Hilfsvariablen, die die beweisrelevanten Aspekte des Ablaufs einzelner Prozesse beschreiben, scheint uns hierzu wenig geeignet; prozeßeigene Hilfsvariable ermöglichen es nicht, von modulinternem Parallelismus zu abstrahieren.

Der verhaltensorientierte Ansatz zur Modularisierung, den wir in Kapitel 3 dargestellt haben, trennt dagegen völlig zwischen partieller Korrektheit und Lebendigkeits- bzw. Terminierungseigenschaften.

Eine solche Trennung setzt allerdings eine bestimmte Programmiermethodik voraus: Das Verhalten eines Moduls muß, soweit es in der Schnittstelle sichtbar ist, unabhängig von den durch den Modul manipulierten Daten sein; es darf höchstens von den bisher nach außen sichtbaren Ereignissen abhängen.

An sich ist diese Bedingung nicht so einschneidend, wie es zunächst den Anschein hat. In beschränktem Umfang können Operationen auf Variablen durchaus durch entsprechende Ereignisse beschrieben werden. Das folgende Beispiel macht dies deutlich. In dem Programm

```
Variable: program
  ist_gleich[1..n], weist_zu[1..n], verarbeitet[1..n]: event;
  p: process
      *[ sel i:1..n in ( ist_gleich[i]; verarbeitet[i] ) ]*
    end;
  q: process *[ sel weist_zu[1..n] ]* end;
  v: path *[ sel i:1..n in ( weist_zu[i]; *[ ist_gleich[i] ]* ) ]* end;
  end
```

kommunizieren die Prozesse p und q über eine gemeinsame, durch den Pfad v beschriebene Variable. Der Pfad macht die scheinbar nichtdeterministische Auswahl zwischen den Verarbeitungsschritten im Prozeß p von den ,,Zuweisungen'' im Prozeß q abhängig.

Allerdings kann man auf diese Weise nur Variable mit endlichen Wertebereichen darstellen. Der Wertebereich sollte darüberhinaus klein sein, um ein starkes Anwachsen der Anzahl der Systemzustände zu vermeiden. Das angegebene Programm hat z.B. bei n möglichen Werten für die Variable bereits $n \cdot (n+1)+1$ Zustände. Die Spezifikation des Programms schließlich sollte sich überhaupt nicht mehr auf die Werte von Variablen beziehen, damit sich die durch diese verursachten großen Zustandszahlen nicht multiplikativ auf höhere Hierarchieebenen fortpflanzen.

9. ZUSAMMENFASSUNG

Science seeks the truth,
engineering — the compromise.
Y. Wallach

Wir entwickeln in dieser Arbeit eine Theorie modularer paralleler Systeme, die besonders zur Behandlung von Lebendigkeitsfragen geeignet ist. Parallele Systeme bestehen aus Prozessen, die durch sequentiell-algorithmische Programme beschrieben sind und auf (ggf. verteilten) Von-Neumann-Rechnern ablaufen. Wir abstrahieren von den verarbeiteten Daten und von konkreten, quantitativen Zeitverhältnissen, berücksichtigen also nur nichtdeterministisches Prozeßverhalten und die Synchronisationsbeziehungen zwischen den Prozessen. Dabei legen wir besonderen Wert darauf, Rendez-Vous als ein *primitives* Konzept der Gleichzeitigkeit systematisch in die Theorie einzugliedern.

Die Arbeit hat aber nicht nur theoretische, sondern auch praktische Ergebnisse. Parallele Systeme, in denen die Synchronisation und Kommunikation zwischen den Prozessen bzw. Moduln mittels regulärer (Pfad-)Ausdrücke spezifiziert ist, können schon in einem frühen Entwurfsstadium mit dem in Kapitel 6 dargestellten PATSY-System automatisch auf verschiedene Korrektheits- und Leistungseigenschaften hin geprüft werden. Derartige Werkzeuge sind sicher wichtige Bestandteile von Software-Produktionsumgebungen. Außerdem zeigen wir, wie man parallele Systeme verteilt und ausfallsicher implementieren kann.

Das in Kapitel 3 eingeführte Konzept zur Konstruktion hierarchisch modularisierter Systeme dient vor allem dem Ziel, Lebendigkeits- und Leistungsuntersuchungen auch an realistisch großen Systemen mithilfe entsprechender Werkzeuge *automatisch* durchführen zu können. Dazu benötigen wir Voraussetzungen, die die Allgemeinheit und möglicherweise auch die praktische Brauchbarkeit einschränken.

1. Die resultierende Systemstruktur ist *baumförmig:* Jeder Modul darf von höchstens *einem* anderen benutzt werden; er darf selbst nur *wenige* andere benutzen.

2. Das in der Schnittstelle sichtbare (zeitliche) Verhalten eines Moduls ist durch *einen einzigen* sequentiellen Prozeß beschreibbar.

3. Schnittstellenprozesse dürfen zwar nichtdeterministisch, müssen jedoch regulär sein; ihr Ablauf darf außerdem nicht von den bearbeiteten Daten abhängen.

Die erste Bedingung ist die einschneidendste. Sie schließt aus, daß man Moduln mit (passiven) Objekten abstrakter Datentypen, mit Ressourcen oder Betriebsmitteln wie Monitoren gleichsetzt; denn solche Objekte sollen ja oft gerade von mehreren Prozessen benutzbar sein. Moduln sind vielmehr *aktive* Objekte, die an einem Problem arbeiten und zu diesem Zweck ihnen exklusiv zugeordnete Untermoduln mit der Lösung von Teilproblemen beauftragen können.

Die Beschreibung des Modulverhaltens durch *einen* sequentiellen Prozeß kommt dem menschlichen Denkvermögen sehr entgegen. Vor allem in der Entwurfsphase kann eine solche Sicht nützlich sein: Die Einführung von Parallelismus erscheint als Verfeinerungsschritt, der oft nur zur Leistungssteigerung erforderlich ist [Lengauer]. Ist allerdings — z.B. bei einem verteilten System — Parallelismus immanenter Bestandteil der Problemstellung, so kann zumindest das Verhalten des Gesamtsystems nicht als sequentieller Prozeß betrachtet werden. Dies gilt auch, wenn mehrere voneinander völlig unabhängige Aufgaben bearbeitet werden sollen, wie dies bei einem Betriebssystem der Fall ist, oder wenn aus Gründen der Steigerung der Zuverlässigkeit das gleiche Problem mehrfach gelöst wird.

Die Beschränkung auf datenunabhängige, reguläre Abläufe ist dagegen nicht so schwerwiegend, wie es zunächst den Anschein hat. Das folgende Programm genügt z.B. dieser Forderung:

```
Variable: program
    ist_gleich[1..n], weist_zu[1..n], verarbeitet[1..n], endet: event;
    p: process
        *[ sel i:1..n-1 in ( ist_gleich[i]; verarbeitet[i] ) ]* ;
        ist_gleich[n]; verarbeitet[n]; endet
      end;
    q: process *[ sel weist_zu[1..n] ]* end;
    v: path *[ sel i:1..n in ( weist_zu[i]; *[ ist_gleich[i] ]* ) ]* end;
  end
```

Die beiden Prozesse kommunizieren über eine gemeinsame, durch den Pfad v beschriebene Variable. Der Prozeß q wählt nichtdeterministisch einen Wert von v, der den Ablauf des Prozesses p bestimmt. In konventioneller Schreibweise entspricht p dem Programm

```
while v ≠ n loop verarbeitet(v) repeat;
verarbeitet(n); endet .
```

Als allgemeine Methode zur Darstellung datenabhängiger Abläufe ist dieses Prinzip allerdings nicht zu empfehlen. Die Anzahl der Programmzustände wächst im schlimmsten Fall exponentiell mit der Anzahl der den Ablauf beeinflussenden Variablen, während wir mit der Forderung nach Datenabstraktion ja gerade das Gegenteil, eine Verringerung der Zustandszahl bewirken wollen.

Manchmal kann man diesen Effekt allerdings auch durch einen höheren Grad an Detail, eine restriktivere Spezifikation erzielen. Das in Abschnitt 7.2 spezifizierte Erzeuger-Verbraucher-System mit k Puffern hat z.B. $O(2^k)$ Zustände, da die Puffer in beliebiger Reihenfolge gefüllt und geleert werden können.

Fügt man die Pfade

> Senden: **path** *[**seq** sendet[1..k]]* **end**;
>
> Empfangen: **path** *[**seq** empfängt[1..k]]* **end**;

hinzu, spezifiziert also eine zyklische Benutzung der Puffer, so reduziert sich diese Zahl auf $O(k^2)$.

Man darf dies nicht mit einer Verschärfung der Invariante bei induktiven Beweisen verwechseln; es ist die Spezifikation selbst, die wir geändert haben. Das Ziel ist aber in beiden Fällen das gleiche: Man schafft die Voraussetzungen für einen Beweis, der anders nicht möglich ist. Erst die praktische Anwendung der vorgeschlagenen Spezifikations- und Verifikationskonzepte kann zeigen, welche Kompromisse hier sinnvoll sind.

Ein weiteres wichtiges Ergebnis dieser Arbeit ist eine klare Trennung der Begriffe Prozeß, Prozeßobjekt und Prozeßtyp sowie eine präzise Definition des Verhaltens von Prozessen, die durch Rendez-Vous synchronisiert sind. Rendez-Vous sind parallele Ereignisse $e_1 == \cdots == e_n$, die *gleichzeitig* in dem Sinne stattfinden, daß jedes weitere Ereignis f, das zeitlich vor/nach einem der e_i stattfindet, sich damit auch vor/nach sämtlichen anderen e_j ereignet, daß also gilt:

$$\exists i: f \Longrightarrow e_i \quad \supset \quad \forall i: f \Longrightarrow e_i$$

und

$$\exists i: e_i \Longrightarrow f \quad \supset \quad \forall i: e_i \Longrightarrow f$$

Man kann also nicht „beobachten", ob eines der e_i früher oder später als ein anderes stattfindet.

Schließlich nehmen wir in dieser Arbeit verschiedene Lebendigkeitsbegriffe kritisch unter die Lupe. Wir sehen Lebendigkeit als eine Korrektheitseigenschaft, die nur im Zusammenhang mit der System- bzw. Modulschnittstelle interpretierbar ist: Nur das in der Schnittstelle spezifizierte Verhalten muß implementiert sein; es ist völlig unerheblich, ob einzelne untergeordnete Prozesse blockiert werden oder verhungern können, solange der Schnittstellenprozeß bis zu seinem Ende bzw. permanent realisiert wird.

Die wichtigste Frage, die diese Arbeit aufwirft, ist die nach der praktischen Brauchbarkeit der vorgeschlagenen Entwurfsmethodik. Ihr Vorteil ist offensichtlich: Sie ermöglicht den automatischen Nachweis wichtiger Korrektheits- und Leistungseigenschaften eines parallelen Systems mittels entsprechender Werkzeuge. Der Preis hierfür sind die Beschränkung auf eine baumförmige Systemstruktur im Sinne einer Benutzt-Hierarchie, und die Beschränkung auf sequentielle Modulschnittstellen, die den modulinternen Parallelismus und die Abhängigkeit des Modulverhaltens von den manipulierten Daten verbergen.

Wir sehen verschiedene Richtungen, in die zukünftige Forschung weiter fortschreiten sollte.

Statt regulärer kann man allgemeinere Ausdrücke zur Spezifikation des Modulverhaltens und ebenso zur Beschreibung von Kommunikations- und Synchronisationsbedingungen zwischen Ereignissen verschiedener Moduln zulassen. Zur Formulierung von Verhaltenseigenschaften eignen sich z.B. Ausdrücke der temporalen Logik wie $\Box \Diamond e$: „Das Ereignis e kann stets noch stattfinden". Solche Ausdrücke sind mächtiger als reguläre Ausdrücke und darüberhinaus oft einfacher formulierbar, setzen allerdings ein entsprechend mächtiges Beweissystem als entwurfsunterstützendes Werkzeug voraus.

Das Prinzip der strukturellen Induktion muß noch um ein Induktionsprinzip ergänzt werden, das den Nachweis von Korrektheitseigenschaften von Systemen ermöglicht, die nach einem symmetrischen Muster aus verhaltensgleichen Moduln unbestimmter Anzahl aufgebaut sind.

Schließlich bleibt zu untersuchen, ob und wie unser Ansatz auf schichtförmig hierarchische Systemstrukturen verallgemeinert werden kann. Eine mögliche Denkrichtung ist die folgende: Die Schnittstelle einer Schicht ist beschreibbar als eine Sequenz von Transaktionen. In der Implementierung laufen diese

Transaktionen parallel oder beliebig zeitlich verzahnt ab. Durch zusätzliche
Forderungen an das Verhalten wird jedoch sichergestellt, daß die Verzahnung
semantisch äquivalent zur sequentiellen Ausführung der Transaktionen ist.

LITERATURVERZEICHNIS

Ada   *Ada Programming Language.* ANSI/MIL-STD-1815A-1983

Andler   Andler, S.: *Predicate Path Expressions.* Proc. of the 6th Annual ACM Symp. on Principles of Progr. Lang., San Antonio, Texas, 1979

Apt   Apt K. R., Francez N., De Roever W. P.: *A Proof System for Communicating Sequential Processes.* ACM Transact. on Progr. Lang. and Syst. **2/3**, 359—385 (1980)

Bartlett   Bartlett, K. A., Scantlebury, R. A., Wilkinson, P. T.: *A Note on Reliable Full-Duplex Transmission over Half-Duplex Links.* Comm. ACM **12**, 260—261 (1969)

Bochmann   von Bochmann G., *Architecture of Distributed Computer Systems.* Lect. Notes in Comp. Sci. **77**, Springer Verlag, 1979

Brauer   Brauer, W. (Hrsg.): *Net Theory and Application.* Lect. Notes in Comp. Sci. **84**, Springer Verlag, 1980

Brinch70   Brinch Hansen, P.: *The Nucleus of a Multiprogramming System.* Comm. ACM **13/4**, 238—241, 250 (1970)

Brinch72a   Brinch Hansen, P.: *A Comparison of Two Synchronizing Concepts.* Acta Inf. **1/3**, 190—199 (1972)

Brinch78   Brinch Hansen, P.: *Distributed Processes. A Concurrent Programming Concept.* Comm. ACM **21/11**, 934—941 (1978)

Brookes83a   Brookes, S. D.: *A Semantics and Proof System for Communicating Processes.* Rep. No. CMU-CS-83-134, Dept. of Comp. Sci., Carnegie-Mellon Univ., Pittsburgh, PA, 1983

Brookes83b   Brookes, S. D.: *Behavioral Equivalence Relations Induced By Programming Logics.* Rep. No. CMU-CS-83-112, Dept. of Comp. Sci., Carnegie-Mellon Univ., Pittsburgh, PA, 1983

Broy	Broy, M.: *Transformation parallel ablaufender Programme*. Ber. Nr. TUM-I8001, Techn. Univ. München, 1980
Campbell74	Campbell R. H., Habermann A. N.: *The Specification of Process Synchronization by Path Expressions*. In: Lect. Notes in Comp. Sci. **16**, Springer Verlag, 1974, 89—102
Campbell79	Campbell, R. H., Kolstad, R. B.: *Path Expressions in Pascal*. Proc. of the 4th Int'l Conf. on Software Eng., München, 1979
Campbell80	Campbell, R. H., Kolstad, R. B.: *An Overview of Path Pascal's Design*. Sigplan Notices **15/9**, 13—24 (1980)
Clarke	Clarke, E. M.: *Synthesis of Resource Invariants for Concurrent Programs*. ACM Transact. on Progr. Lang. and Syst. **2/3**, 338—358 (1980)
Courtois	Courtois P. J., Heymanns F., Parnas D. L.: *Concurrent Control with Readers and Writers*. Comm. ACM **15/10**, 667—668 (1971)
Cousot	Cousot, P., Cousot, R.: *Semantic Analysis of Communicating Sequential Processes*. Rep. No. CRIN-80-P033, Centre de Rech. en Inf., Inst. Nat. Polytech. de Lorraine, Université de Nancy, 1980
Deussen	Deussen, P.: *Kausale Operatoren*. Ber. Nr. 15, Fak. f. Inf., Univ. Karlsruhe, 1973
Dijkstra68a	Dijkstra, E. W.: *Co-operating Sequential Processes*. In: Programming Languages (Genuys, F. Ed), Academic Press, New York, 1968
Dijkstra68b	Dijkstra, E. W.: *The Structure of the THE Multiprogramming System*. Comm. ACM **11**, 341—346 (1968)
Dijkstra71	Dijkstra, E. W.: *Hierarchical Ordering of Sequential Processes*. Acta Inf. **1/2**, 115—138 (1971)

Dijkstra75 Dijkstra, E. W.: *Guarded Commands, Nondeterminacy and Formal Derivation of Programs.* Comm. ACM **18/3**, 453—457 (1975)

Dörfler Doerfler, U., Mühlbacher, J.: *Graphentheorie für Informatiker.* Sammlg. Göschen, Bd. 6016, Walther de Gruyter-Verlag, Berlin, New York, 1973

Floyd Floyd, R. W., Ullman, J. D.: *The Compilation of Regular Expressions Into Integrated Circuits.* Rep. No. STAN-CS-80-798, Comp. Sci. Dept., Stanford Univ., 1980

Folkjaer Folkjähr, P., Bjørner, D.: *A Formal Model of a Generalized CSP-like Language.* Information Processing **80**, 95—99 (1980)

Francez78 Francez, N., Pnueli, A.: *A Proof Method for Cyclic Programs.* Acta Inf. **9**, 133—157 (1978)

Francez80 Francez N.: *On Achieving Distributed Termination.* ACM Transact. on Progr. Lang. and Syst. **2/1**, 42—55 (1980)

Ginsburgh Ginsburgh S., Goldstine J.: *Intersection Closed Full AFL and the Recursively Enumerable Languages.* Inf. and Control **22**, 201—231 (1973)

Goldsack Goldsack, S. J., Moreton, T.: *Ada Package Specifications, Path Expressions and Monitors.* Rep. No. DOC 81/25, Dept. of Comp, Imp. Coll. of Sci. and Tech., Univ. of London, 1981

Habermann72 Habermann N.: *Synchronization of Communicating Processes.* Comm. ACM **15/3**, 171—176 (1972)

Habermann78 Habermann, A. N., Feiler, P., Flon, L., Guarino, L., Cooprider, L., Schwanke, B.: *Modularization and Hierarchy in a Family of Operating Systems.* Rep. No. CMU-CS-78-101, Dept. of Comp. Sci., Carnegie-Mellon Univ., Pittsburgh, PA, 1978

Habermann80 Habermann A. N., Nassi I. R.: *Efficient Implementation of Ada Tasks.* Rep. No. CMU-CS-80-103, Dept. of Comp. Sci., Carnegie-Mellon Univ., Pittsburgh, PA 1980

Hehner   Hehner, E. C. R., Hoare, C. A. R.: *Another Look at
              Communicating Processes.* Tech. Rep. No. CSRG-134,
              Comp. Syst. Res. Group, Univ. of Toronto, 1981

Hoare69   Hoare, C. A. R.: *An Axiomatic Basis for Computer
              Programming.* Comm. ACM **12**, 576—583 (1969)

Hoare72   Hoare, C. A. R.: *Towards a Theory of Parallel Programs.* In:
              Operating Systems Techniques (C. A. R. Hoare and R.
              Perrot, Eds.), Academic Press, New York, 1972

Hoare74b   Hoare, C. A. R.: *Monitors: An Operating System Structuring
              Concept.* Comm. ACM **17/10**, 549—557 (1974)

Hoare78a   Hoare C. A. R.: *Communicating Sequential Processes.*
              Comm. ACM **21/8**, 666—677 (1978)

Hoare78b   Hoare, C. A. R.: *Some Properties of Predicate Transformers.*
              Journ. ACM **25/3**, 461—480 (1978)

Howard   Howard, J. H.: *Proving Monitors.* Comm. ACM **19/5**,
              273—279 (1976)

Keller   Keller, R. M.: *Formal Verification of Parallel Programs.*
              Comm. ACM **7**, 371—384 (1976)

Keramidis80   Keramidis, S., Mackert, L.: *Ein Kalkül zur Konstruktion
              deadlockfreier Systeme.* In: Inf. Fachber. **27** (G.
              Zimmermann Hrsg.), Springer Verlag, 1980, 217—233

Keramidis82   Keramidis, S.: *Eine Methode zur Spezifikation und korrekten
              Implementierung von asynchronen Systemen.* Arbeitsber. d.
              Inst. f. Mathem. Masch. u. Datenverarb. (Inf.), Bd. **15/4**,
              Friedrich Alexander-Univ., Erlangen, Nürnberg, 1982

Kowalski   Kowalski, R. A.: *Algorithm = Logic + Control.* Comm.
              ACM **22/7**, 427—436 (1979)

Lamport74   Lamport L.: *A New Solution of Dijkstra's Concurrent
              Programming Problem.* Comm. ACM **17/8**,
              453—455 (1974)

Lamport76   Lamport L.: *The Synchronization of Independent Processes.*
                Acta Inf. **7**, 15–34 (1976)

Lamport77a   Lamport, L.: *Proving the Correctness of Multiprocess
                Programs.* IEEE Trans. on Softw. Eng. **3/2**,
                125–143 (1977)

Lamport78   Lamport L.: *Time, Clocks, and the Ordering of Events in a
                Distributed System.* Comm. ACM **21/7**, 558–565 (1978)

Lamport79   Lamport L., Pease, M., Shostak, R.: *The Albanian Generals
                Problem.* Rep. No. CSL-97, Comp. Sci. Lab., SRI
                International, Stanford, CA, 1979

Lamport80   Lamport L.: *The 'Hoare Logic' of Concurrent Programs.*
                Acta Inf. **14**, 21–37 (1980)

Lamsweerde   van Lamsweerde, A., Sintzoff, M.: *Formal Derivation of
                Strongly Correct Concurrent Programs.* Acta Inf. **12**,
                1–31 (1979)

Lengauer   Lengauer, C.: *A Methodology for Programming with Con-
                currency.* Tech. Rep. No. CSRG-142, Comp. Syst. Res.
                Group, Univ. of Toronto, 1982

Levin   Levin, G. M., Gries, D.: *A Proof Technique for
                Communicating Sequential Processes.* Acta Inf. **15/3**,
                281–302 (1981)

Lauer75   Lauer P. E., Campbell R. H.: *Formal Semantics of a Class of
                High Level Primitives for Coordinating Concurrent
                Processes.* Acta Inf. **5**, 297–332 (1975)

Lauer78   Lauer, P. E., Shields, M. W., Best, E.: *On the Design and
                Certification of Asynchronuous Systems of Processes.* Final
                Report, Parts 1 and 2. Rep. No. ASM/49, Comp. Lab., Univ.
                of Newcastle Upon Tyne, 1978

Lauer79   Lauer, P. E., Torrigani, P. R., Shields, M. W.: *COSY — A
                System Specification Language Based on Paths and
                Processes.* Acta Inf. **12/2**, 109–158 (1979)

Lautenbach Lautenbach, K.: *Exakte Bedingungen der Lebendigkeit für eine Klasse von Petri-Netzen.* Ber. Nr. BMFT-GMD-82, Ges. f. Math. u. Datenverarb., St. Augustin, 1973

Liskov72 Liskov, B. H.: *The Design of the Venus Operating System.* Comm. ACM **15/3**, 144—149 (1972)

Milne Milne, G., Milner, R.: *Concurrent Processes and their Syntax.* Journ. ACM **26**, 302—321 (1979)

Milner Milner, R.: *A Calculus of Communicating Systems.* Lect. Notes in Comp. Sci. **92**, Springer Verlag, 1980

Nivat80 Nivat, M.: *On the Synchronization of Processes.* Rep. No. 3, Inst. Nat. de Recherche en Inf. et en Autom. (INRIA), Rocquencourt, 1980

Nivat81 Nivat, M.: *Infinitary Relations.* Rep. No. 54, Inst. Nat. de Recherche en Inf. et en Autom. (INRIA), Rocquencourt, 1981

Owicki76a Owicki, S., Gries, D.: *Verifying Properties of Parallel Programs: An Axiomatic Approach.* Comm. ACM **19/5**, 279—285 (1976)

Owicki76b Owicki, S., Gries, D.: *An Axiomatic Proof Technique for Parallel Programs I.* Acta Inf. **6**, 319—340 (1976)

Owicki80 Owicki, S.: *Axiomatic Proof Techniques for Parallel Programs.* Garland Pub. Co., Inc., New York, London, 1980

Parnas72a Parnas D. L.: *A Technique for Software Module Specification with Examples.* Comm. ACM **15/5**, 330—336 (1972)

Parnas72b Parnas D. L.: *On the Criteria to be Used in Decomposing Systems into Modules.* Comm. ACM **15/5**, 1053—1058 (1972)

Parnas74 Parnas D. L.: *On a Buzzword: ,,Hierarchical Structure".* In: Proc. of the IFIP Congr. 1974, 336—339

Parnas75   Parnas D. L.: *On a Solution to the Cigarette Smoker's Problem (Without Conditional Statements)*. Comm. ACM **18/3**, 181–183 (1975)

Patil   Patil S. S.: *Limitations and Capabilities of Dijkstra's Semaphore Primitives for Coordination among Processes*. zit. nach [Parnas75]

Petri   Petri, C. A.: *Nicht-sequentielle Prozesse*. Arb.-Bericht Nr. **9/9**, Inst. f. Math. Masch. u. Datenverarb. (IMMD), 57–80

Ritchie   Ritchie, D., Thompson, K.: *The UNIX Timesharing System*. Comm. ACM **17/7**, 365–375 (1974)

Robinson   Robinson, J. T.: *Separating Policy from Correctness in Concurrency Control Design*. Rep. No. RC 9308 (#40981), IBM Thomas J. Watson Res. Center, Yorktown Heights, N.Y., 1982

Röhrich80   Röhrich J.: *PATSY — Eine Sprache zur Spezifikation und Verifikation von Synchronisationsbeziehungen*. Fak. f. Informatik, Univ. Karlsruhe, Ber. Nr. 6/80, 1980

Röhrich82   Röhrich J.: *Hierarchische Systeme*. Inf. Spektr. **5/2**, 123–124 (1982)

Röhrich83   Röhrich J.: *Fast Automatic Liveness Analysis of Hierarchical Parallel Systems*. Proc. of IFIP-TC 2 Working Conf. on Progr. Lang. and Syst. Design, Dresden, 1983

Schauer   Schauer J.: *Vereinfachung von Prozeß-Systemen durch Sequentialisierung*. Diss., Ber. Nr. 30/82, Fak. f. Informatik, Univ. Karlsruhe, 1982

Schneider76   Schneider, E. A.: *Synchronization of Finite State Shared Resources*. PhD Thesis, Dept. of Comp. Sci., Carnegie-Mellon Univ., Pittsburgh, PA, 1976

Schneider80   Schneider, F.-J.: *Implementierung eines Systems zur Analyse und Verifikation von Pfadprogrammen*. Dipl. Arb., Fak. f. Inf., Univ. Karlsruhe, 1980

Taylor80   Taylor R. N.: *Static Analysis of the Synchronization Structure of Concurrent Programs*. PhD Thesis, Dept. of Comp. Sci., Univ. of Colorado, 1980

Taylor83   Taylor, R. N.: *Complexity of Analyzing the Synchronization Structure of Concurrent Programs*. Acta Inf. **19**, 57–84 (1983)

Treff   Treff, L.: *Automatische Verifikation der Lebendigkeit paralleler Prozesse*. Dipl. Arb., Fak. f. Inf., Univ. Karlsruhe, 1983

Waite   Waite, W. M., Goos, G.: *Compiler Construction*. Springer Verlag, Berlin, Heidelberg, New York, Tokyo, 1984

Winkowski80a   Winkowski J.: *Algebras of Arrays - A Tool to Deal with Concurrency*. ICS PAS Report 287, Polish Academy of Science, Warshaw 1980

Winkowski80b   Winkowski J.: *Towards an Algebraic Description of Discrete Processes and Systems*. ICS PAS Report 408, Polish Academy of Science, Warshaw 1980

Wulf   Wulf, W., Cohen, E., Corwin, W., Jones, A., Levin, R., Pierson, C., Pollack, F.: *HYDRA: The Kernel of a Multiprocessor Operating System*. Comm. ACM **17/6**, 337–345 (1974)

Yoely   Yoely, M., Ginzburgh, A.: *Control Nets for Parallel Processing*. Information Processing **80**, 71–76 (1980)

Informatik – Fachberichte

Band 74: Requirements Engineering. Arbeitstagung der GI, 1983. Herausgegeben von G. Hommel und D. Krönig. VIII, 247 Seiten. 1983.

Band 75: K. R. Dittrich, Ein universelles Konzept zum flexiblen Informationsschutz in und mit Rechensystemen. VIII, 246 pages. 1983.

Band 76: GWAI-83. German Workshop on Artifical Intelligence. September 1983. Herausgegeben von B. Neumann. VI, 240 Seiten. 1983.

Band 77: Programmiersprachen und Programmentwicklung. 8. Fachtagung der GI, Zürich, März 1984. Herausgegeben von U. Ammann. VIII, 239 Seiten. 1984.

Band 78: Architektur und Betrieb von Rechensystemen. 8. GI-NTG-Fachtagung, Karlsruhe, März 1984. Herausgegeben von H. Wettstein. IX, 391 Seiten. 1984.

Band 79: Programmierumgebungen: Entwicklungswerkzeuge und Programmiersprachen. Herausgegeben von W. Sammer und W. Remmele. VIII, 236 Seiten. 1984.

Band 80: Neue Informationstechnologien und Verwaltung. Proceedings, 1983. Herausgegeben von R. Traunmüller, H. Fiedler, K. Grimmer und H. Reinermann. XI, 402 Seiten. 1984.

Band 81: Koordinaten von Informationen. Proceedings, 1983. Herausgegeben von R. Kuhlen. VI, 366 Seiten. 1984.

Band 82: A. Bode, Mikroarchitekturen und Mikroprogrammierung: Formale Beschreibung und Optimierung, 6, 7-227 Seiten. 1984.

Band 83: Software-Fehlertoleranz und -Zuverlässigkeit. Herausgegeben von F. Belli, S. Pfleger und M. Seifert. VII, 297 Seiten. 1984.

Band 84: Fehlertolerierende Rechensysteme. 2. GI/NTG/GMR-Fachtagung, Bonn 1984. Herausgegeben von K.-E. Großpietsch und M. Dal Cin. X, 433 Seiten. 1984.

Band 85: Simulationstechnik. Proceedings, 1984. Herausgegeben von F. Breitenecker und W. Kleinert. XII, 676 Seiten. 1984.

Band 86: Prozeßrechner 1984. 4. GI/GMR/KfK-Fachtagung, Karlsruhe, September 1984. Herausgegeben von H. Trauboth und A. Jaeschke. XII, 710 Seiten. 1984.

Band 87: Mustererkennung 1984. Proceedings, 1984. Herausgegeben von W. Kropatsch. IX, 351 Seiten. 1984.

Band 88: GI-14. Jahrestagung. Braunschweig. Oktober 1984. Proceedings. Herausgegeben von H.-D. Ehrich. IX, 451 Seiten. 1984.

Band 89: Fachgespräche auf der 14. GI-Jahrestagung. Braunschweig, Oktober 1984. Herausgegeben von H.-D. Ehrich. V, 267 Seiten. 1984.

Band 90: Informatik als Herausforderung an Schule und Ausbildung. GI-Fachtagung, Berlin, Oktober 1984. Herausgegeben von W. Arlt und K. Haefner. X, 416 Seiten. 1984.

Band 91: H. Stoyan, Maschinen-unabhängige Code-Erzeugung als semantikerhaltende beweisbare Programmtransformation. IV, 365 Seiten. 1984.

Band 92: Offene Multifunktionale Büroarbeitsplätze. Proceedings, 1984. Herausgegeben von F. Krückeberg, S. Schindler und O. Spaniol. VI, 335 Seiten. 1985.

Band 93: Künstliche Intelligenz. Frühjahrsschule Dassel, März 1984. Herausgegeben von C. Habel. VII, 320 Seiten. 1985.

Band 94: Datenbank-Systeme für Büro, Technik und Wirtschaft. Proceedings, 1985. Herausgegeben von A. Blaser und P. Pistor. X, 519 Seiten. 1985.

Band 95: Kommunikation in Verteilten Systemen I. GI-NTG-Fachtagung, Karlsruhe, März 1985. Herausgegeben von D. Heger, G. Krüger, O. Spaniol und W. Zorn. IX, 691 Seiten. 1985.

Band 96: Organisation und Betrieb der Informationsverarbeitung. Proceedings, 1985. Herausgegeben von W. Dirlewanger. XI, 261 Seiten. 1985.

Band 97: H. Willmer, Systematische Software- Qualitätssicherung anhand von Qualitäts- und Produktmodellen. VII, 162 Seiten. 1985.

Band 98: Öffentliche Verwaltung und Informationstechnik. Neue Möglichkeiten, neue Probleme, neue Perspektiven. Proceedings, 1984. Herausgegeben von H. Reinermann, H. Fiedler, K. Grimmer, K. Lenk und R. Traunmüller. X, 396 Seiten. 1985.

Band 99: K. Küspert, Fehlererkennung und Fehlerbehandlung in Speicherungsstrukturen von Datenbanksystemen. IX, 294 Seiten. 1985.

Band 100: W. Lamersdorf, Semantische Repräsentation komplexer Objektstrukturen. IX, 187 Seiten. 1985.

Band 101: J. Koch, Relationale Anfragen. VIII, 147 Seiten. 1985.

Band 102: H.-J. Appelrath, Von Datenbanken zu Expertensystemen. VI, 159 Seiten. 1985.

Band 103: GWAI-84. 8th German Workshop on Artifical Intelligence. Wingst/Stade, October 1984. Edited by J. Laubsch. VIII, 282 Seiten. 1985.

Band 104: G. Sagerer, Darstellung und Nutzung von Expertenwissen für ein Bildanalysesystem. XIII, 270 Seiten. 1985.

Band 105: G. E. Maier, Exceptionbehandlung und Synchronisation. IV, 359 Seiten. 1985.

Band 106: Österreichische Artifical Intelligence Tagung. Wien, September 1985. Herausgegeben von H. Trost und J. Retti. VIII, 211 Seiten. 1985.

Band 107: Mustererkennung 1985. Proceedings, 1985. Herausgegeben von H. Niemann. XIII, 338 Seiten. 1985.

Band 108: GI/OCG/ÖGJ-Jahrestagung 1985. Wien, September 1985. Herausgegeben von H. R. Hansen. XVII, 1086 Seiten. 1985.

Band 109: Simulationstechnik. Proceedings, 1985. Herausgegeben von D. P. F. Möller. XIV, 539 Seiten. 1985.

Band 110: Messung, Modellierung und Bewertung von Rechensystemen. 3. GI/NTG-Fachtagung, Dortmund, Oktober 1985. Herausgegeben von H. Beilner. X, 389 Seiten. 1985.

Band 111: Kommunikation in Verteilten Systemen II. GI/NTG-Fachtagung, Karlsruhe, März 1985. Herausgegeben von D. Heger, G. Krüger, O. Spaniol und W. Zorn. XII, 236 Seiten. 1985.

Band 112: Wissensbasierte Systeme. GI-Kongreß 1985. Herausgegeben von W. Brauer und B. Radig. XVI, 402 Seiten, 1985.

Band 113: Datenschutz und Datensicherung im Wandel der Informationstechnologien. 1. GI-Fachtagung, München, Oktober 1985. Proceedings, 1985. Herausgegeben von P. P. Spies. VIII, 257 Seiten. 1985.

Band 114: Sprachverarbeitung in Information und Dokumentation. Proceedings, 1985. Herausgegeben von B. Endres-Niggemeyer und J. Krause. VIII, 234 Seiten. 1985.

Band 115: A. Kobsa, Benutzermodellierung in Dialogsystemen. XV, 204 Seiten. 1985.

Band 116: Recent Trends in Data Type Specification. Edited by H.-J. Kreowski. VII, 253 pages. 1985.

Band 117: J. Röhrich, Parallele Systeme. XI, 152 Seiten. 1986.